职业技术教育课程改革新规划教材
旅游专业

工作过程系统化

形体 礼仪

XINGTI

LIYI

本书具体内容包括形体气质塑造、肢体梳理训练、综合形体训练、塑型训练、仪态礼仪、表情礼仪、手势礼仪、服饰与形象塑造等。本书所介绍的方法简洁实用，可操作性强。学生在学习中能很快掌握，并能把礼仪、形体训练和日常生活融为一体。通过礼仪学习，使人们拥有高水准的、符合职业形象要求和适应社会交往的礼仪标准。

主　编　张　玲
参　编　李　玲　李晨云　张　颖

华中科技大学出版社
（中国·武汉）

图书在版编目(CIP)数据

形体礼仪/张玲主编. —武汉:华中科技大学出版社,2010.5（2022.8重印）
ISBN 978-7-5609-6036-4

Ⅰ.①形… Ⅱ.①张… Ⅲ.①形态训练-专业学校-教材 ②礼仪-专业学校-教材 Ⅳ.①G831.3 ②K891.26

中国版本图书馆 CIP 数据核字(2010)第 030346 号

形体礼仪

张 玲 主编

策划编辑:周 迎	
责任编辑:程 芳	封面设计:秦 茹
责任校对:李 琴	责任监印:周治超

出版发行:华中科技大学出版社(中国·武汉)　　电话:(027)81321913
　　　　　武汉市东湖新技术开发区华工科技园　　邮编:430223

录　排:华中科技大学惠友文印中心
印　刷:广东虎彩云印刷有限公司

开本:787mm×1092mm　1/16　　印张:9　　字数:180 000
版次:2010 年 5 月第 1 版　　印次:2022 年 8 月第 16 次印刷　　定价:29.80 元
ISBN 978-7-5609-6036-4/G・769

(本书若有印装质量问题,请向出版社发行部调换)

职业技术教育课程改革新规划教材
旅游专业

编 委 会

顾问：

吴全全（教育部职业技术教育中心研究所）

委员会主任：

范德华　朱维德　胡南平

委员会副主任：

彭　萍　黄培文　王　兵　栾鹤龙　熊骥锋

委员：

周　梁	骆　颂	李梅乐	黄爱时	肖　萍	陈晓毛
江丽容	王明强	韦燕生	邓玉梅	李　涛	廖致莉
李崇金	谢　青	张矿生	张　玲	刘小琴	孙　芸
童　影	黄　伟	管爱岚	金　竺	陈　劼	文　琤
尹　灵	刘春英	徐　晴	韦江佳	张　甜	朱丽萍
李　玲	李晨云	张　颖	龙美华	梁绍斌	谢善琼

内 容 简 介

形体与礼仪,其基础是"形"。本课程的学习进程是:首先,从"形"的感觉开始,即体态感觉,以找到"提"、"收"、"松"、"挺"的正确的最佳的形体感觉及精神状态,对形体气质加以强化;然后,针对"形"的状态加以调整,即体形训练,以对身体各个部位分别进行塑造、修饰,使错位、变形的身材得到改善;最后,对形体动作和表现加以约束,即展现礼仪美。无论怎么训练形体、改善形体,最终都将回归于仪态。通过礼仪学习,使人们拥有高水准的、符合职业形象要求和适应社会交往的礼仪标准。

本书所介绍的方法简洁实用,可操作性强。学生在学习中能很快掌握,并能把礼仪、形体训练和日常生活融为一体。

本书具体内容包括形体气质塑造、肢体梳理训练、综合形体训练、塑型训练、仪态礼仪、表情礼仪、手势礼仪、服饰与形象塑造等。

总　　序

　　世界职业教育发展的经验和我国职业教育发展的历程都表明,职业教育是提高国家核心竞争力的要素。职业教育这一重要作用和地位,主要体现在以下两个方面:其一,职业教育承载着满足社会需求的重任,是培养为社会直接创造价值的高素质劳动者和专门人才的教育,职业教育既是经济发展的需要,又是促进就业的需要;其二,职业教育还承载着满足个性需求的重任,是促进以形象思维为主的具有另类智力特点的青少年成才的教育。职业教育既是保证教育公平的需要,又是教育协调发展的需要。

　　这意味着,职业教育不仅有着自己的特定目标——满足社会经济发展的人才需求以及与之相关的就业需求,而且有着自己的特殊规律——促进不同智力群体的个性发展以及与之相关的智力开发。

　　长期以来,由于我们对职业教育作为一种类型教育的规律缺乏深刻的认识,加之学校职业教育又占据绝对主体地位,因此职业教育与经济、与企业联系不紧,导致职业教育的办学未能冲破"供给驱动"的束缚;由于与职业实践结合不紧密,职业教育的教学也未能跳出学科体系的框架,所培养的职业人才,其职业技能的专深不够、职业工作的能力不强,与行业、企业的实际需求,也与我国经济发展的需要,相距甚远。实际上,这也不利于个人通过职业这个载体实现自身所应有的生涯发展。

　　因此,要遵循职业教育的规律,强调校企合作、工学结合,在"做中学",在"学中做",就必须进行教学改革。职业教育教学应遵循"行动导向"的教学原则,强调"为了行动而学习"、"通过行动来学习"和"行动就是学习"的教育理念,让学生在由实践情境构成的以过程逻辑为中心的行动体系中获取过程性知识,去解决"怎么做"(经验)和"怎么做更好"(策略)的问题,而不是在由专业学科构成的以架构逻辑为中心的学科体系中去追求陈述性知识,只解决"是什么"(事实、概念等)和"为什么"(原理、规律等)的问题。由此,作为教学改革核心的课程,就成为职业教育教学改革成功与否的关键。

　　当前,在学习和借鉴国内外职业教育课程改革成功经验的基础之上,工作过程导向的课程开发思想已逐渐为职业教育战线所认同。所谓工作过程,是"在企业里为完成一件工作任务并获得工作成果而进行的一个完整的工作程序",是一个综合的、时刻处于运动状态但结构相对固定的系统。与之相关的工作过程知识,是情境化的职业经验知识与普适化的系统科学知识的交集,它"不是关于单个事务和重复性质工作的知识,而是在企业内部关系中将不同的子工作予以连接的知识"。以工作过程逻辑展开的课程开发,其内容编排以典型职业工作任务以及实际的职业工作过程为参照系,按照完整行动所特有的"资讯、决策、计划、实施、检查、评价"结构,实现学科体系的解构与行动体系的重构,实现于变化的、具体的工作过程之中获取不变的、思维过程完整性的训练,实现实体性技术、规范性技术通过过程性技术的物化。

　　近年来,教育部在中等职业教育和高等职业教育领域,组织了我国职业教育史上最大的职业教育师资培训项目——中德职教师资培训项目和国家级骨干师资培训项目。这些骨干教师通过学习、了解、接受先进的教学理念和教学模式，结合中国的国情，开发了更适合我国国情、更具有中国特色的职业教育课程模式。

华中科技大学出版社结合我国正在探索的职业教育课程改革，邀请我国职业教育领域的专家、企业技术专家和企业人力资源专家，特别是接受过中德职教师资培训或国家级骨干教师培训的中等职业学校的骨干教师，为支持、推动这一课程开发应用于教学实践，进行了有意义的探索——工作过程导向课程的教材编写。

华中科技大学出版社的这一探索，有以下两个特点。

第一，课程设置针对专业所对应的职业领域，邀请相关企业的技术骨干、人力资源管理者以及行业著名专家和院校骨干教师，通过访谈、问卷和研讨，由企业技术骨干和人力资源管理者提出职业工作岗位对技能型人才在技能、知识和素质方面的要求，结合目前我国中职教育的现状，共同分析、讨论课程设置存在的问题，通过科学合理的调整、增删，确定课程门类及其教学内容。

第二，教学模式针对中职教育对象的智力特点，积极探讨提高教学质量的有效途径，根据工作过程导向课程开发的实践，引入能够激发学习兴趣、贴近职业实践的工作任务，将项目教学作为提高教学质量、培养学生能力的主要教学方法，把适度够用的理论知识按照工作过程来梳理、编排，以促进符合职业教育规律的新的教学模式的建立。

在此基础上，华中科技大学出版社组织出版了这套工作过程系统化的职业技术教育课程改革新规划教材。我始终欣喜地关注着这套教材的规划、组织和编写的过程。华中科技大学出版社敢于探索、积极创新的精神，应该大力提倡。我很乐意将这套教材介绍给读者，衷心希望这套教材能在相关课程的教学中发挥积极作用，并得到读者的青睐。我也相信，这套教材在使用的过程中，通过教学实践的检验和实际问题的解决，不断得到改进、完善和提高。我希望，华中科技大学出版社能继续发扬探索、研究的作风，在建立具有我国特色的中等职业教育和高等职业教育的课程体系的改革之中，做出更大的贡献。

是为序。

教育部职业技术教育中心研究所
《中国职业技术教育》杂志主编
学术委员会秘书长
中国职业技术教育学会
理事、教学工作委员会副主任
职教课程理论与开发研究会主任
姜大源 研究员 教授
2008 年 7 月 15 日

前　言

现代社会,科学技术飞速发展,信息技术广泛运用,国际竞争日趋激烈。为适应社会发展和职业需求,人们在增长知识、提高技能的同时越来越注重个人形象,追求形体优雅逐渐成为一种时尚,讲究礼仪修养日益成为一种追求。而对于从事窗口服务业的人员来说,形体气质和礼仪修养则显得尤为重要。一个人的综合素质(包括外在形象、内在气质、礼仪修养)已逐渐转化为竞争实力,成为用人单位选拔人才的标准之一。为此,我们必须十分重视形体与礼仪的学习与训练,了解形体优雅的真正含义及服务礼仪的基本规范,培养具有一定综合素质的专业人才,以满足用人单位的需求。

本书采用任务驱动法,共分为三个项目,在每一项目中必须完成3~5项任务。项目层层递进,任务环环相扣,符合学生的认知规律和心理特点,让学生找到一种正确的形体感觉,获得一套实用的训练方法,轻松把礼仪规范、形体训练融入日常学习生活中,掌握提升修养、保持体形和展现气质的主动权。

本书力求体现职业教育改革的精神,以中职生生理特点、形体与礼仪美的要素为依据,借鉴国内外形体与礼仪训练的先进方法,重新确立了新的形体与礼仪训练教学体系。在内容上注重知识与能力、兴趣与爱好、理论与实践相结合,在结构编排上层次分明,在形式表达上图文并茂,是一本集实训、教学、实践和岗前培训于一体的新型教材。

本书由张玲任主编并统稿。参加本书编写撰稿的人员及分工如下:咸宁市高级技工学校张颖编写项目一;长沙铁路职业中专张玲编写项目二;长沙市财经职业中专李玲和河北宣化科技职业学院李晨云编写项目三;长沙铁路职业中专胡南平校长拍摄图片。在此特别感谢长沙铁路职业中专胡南平校长以及该校杜琴、曾一芝、姚远、单彪、杨汝佳、熊瀚、柳叶隽等同学的大力支持,感谢咸宁市高级技工学校李毓红校长的大力支持。

因时间仓促,本书难免有疏漏之处,望各位同仁在教材使用中及时给予反馈,对不足之处恳请指正。

教材编写组
2010 年 5 月

目　　录

项目一　修炼形体气质 ……………………………………………………………… (1)
　　任务 1　形体与礼仪教育 …………………………………………………………… (2)
　　　　课题 1　形体与礼仪训练的理念 …………………………………………………… (2)
　　　　课题 2　形体与礼仪训练的作用 …………………………………………………… (3)
　　　　课题 3　形体与礼仪训练的任务与要求 …………………………………………… (4)
　　　　课题 4　注意事项 …………………………………………………………………… (5)
　　任务 2　美的诠释 …………………………………………………………………… (9)
　　　　课题 1　认识形体美 ………………………………………………………………… (9)
　　任务 3　形体气质塑造新方略 …………………………………………………… (14)
　　　　课题 1　气质美学说 ………………………………………………………………… (14)
　　　　课题 2　塑造形态气质美 …………………………………………………………… (17)
　　　　课题 3　塑造高雅气质美 …………………………………………………………… (24)
　　　　课题 4　塑造艺术气质美 …………………………………………………………… (26)

项目二　训练完美体形 …………………………………………………………… (31)
　　任务 1　肢体梳理训练 …………………………………………………………… (32)
　　　　课题 1　体型测量训练 ……………………………………………………………… (32)
　　　　课题 2　颈部梳理训练 ……………………………………………………………… (35)
　　　　课题 3　肩部梳理训练 ……………………………………………………………… (37)
　　　　课题 4　手臂梳理训练 ……………………………………………………………… (40)
　　　　课题 5　胸部梳理训练 ……………………………………………………………… (42)
　　　　课题 6　腰腹部梳理训练 …………………………………………………………… (44)
　　　　课题 7　腿部梳理训练 ……………………………………………………………… (46)
　　任务 2　综合形体训练 …………………………………………………………… (50)
　　　　课题 1　了解瑜伽 …………………………………………………………………… (50)
　　　　课题 2　脊柱伸展瑜伽 ……………………………………………………………… (52)
　　　　课题 3　力量组合瑜伽 ……………………………………………………………… (55)
　　　　课题 4　增高助长体操 ……………………………………………………………… (56)
　　任务 3　塑型训练 ………………………………………………………………… (58)
　　　　课题 1　上肢躯干塑型训练 ………………………………………………………… (58)
　　　　课题 2　下肢躯干塑型训练 ………………………………………………………… (62)

项目三　提炼礼仪修养 …………………………………………………………… (66)
　　任务 1　礼仪概述 ………………………………………………………………… (67)
　　　　课题 1　礼仪的含义与作用 ………………………………………………………… (67)

任务 2　基本仪态礼仪 …………………………………………………………… (71)
课题 1　标准站姿的方法与训练 ……………………………………………… (71)
课题 2　端庄坐姿的方法与训练 ……………………………………………… (76)
课题 3　稳健行姿的方法与训练 ……………………………………………… (82)
课题 4　大方蹲姿的方法与训练 ……………………………………………… (87)
课题 5　鞠躬礼与点头礼的方法与训练 ……………………………………… (91)
课题 6　陪同礼仪的训练 ……………………………………………………… (94)

任务 3　表情礼仪 ………………………………………………………………… (97)
课题 1　微笑的魅力与训练 …………………………………………………… (97)
课题 2　眼神的表达与训练 …………………………………………………… (102)

任务 4　手势礼仪 ………………………………………………………………… (106)
课题 1　指引手势的方法与训练 ……………………………………………… (106)
课题 2　握手的方法与训练 …………………………………………………… (110)
课题 3　递接物品的方法与训练 ……………………………………………… (112)
课题 4　其他手势的方法与训练 ……………………………………………… (116)

任务 5　服饰与形象塑造 ………………………………………………………… (121)
课题 1　体型与着装 …………………………………………………………… (121)
课题 2　体型与色彩 …………………………………………………………… (125)
课题 3　得体着装就是美 ……………………………………………………… (127)

参考文献 …………………………………………………………………………… (134)

项目一

修炼形体气质

项目描述

随着社会的发展和文明程度的提高,人们的生活与美可谓是息息相关,这使得我们不仅仅满足于身体健康,还要千方百计追求形体、体态的美。形体是一个人的门面,形体美能给人以自信,使人在心理上处于优势。现代窗口行业的工作人员,其形体的优美程度在市场经济中可以作为一种竞争筹码,成为用人单位选拔人才的一个准入条件。为此,我们必须十分重视形体美的塑造。

学习目标

了解形体美的真正含义,了解形体与礼仪训练课程,建立正确的体态意识,掌握修炼形体、提高气质的方法,塑造良好的气质,做一个具有职业体态美感的企业员工。

能力目标

建立体态美感,展现气质特征,提高形象品位。

任务1　形体与礼仪教育

【活动情景】

多媒体教室。

【任务要求】

1. 了解形体与礼仪训练的理念、作用、任务和要求。
2. 了解形体与礼仪的训练手段。
3. 做好学习的生理、心理、个人练习必备物品准备。
4. 掌握形体与礼仪训练的基本知识,并用以指导课内外学习。

【技能训练】

根据个人自身情况设计一份课外形体与礼仪训练计划。

　基本活动

课题1　形体与礼仪训练的理念

　　形体与礼仪,其基础是"形"。课程的学习首先从"形"即体态的感觉开始,找到"提"、"收"、"松"、"挺"的正确的最佳的形体感觉及精神状态,改善体态气质,然后针对"形"的状态即体形加以调整,对身体各个部位分别进行塑造、修饰,使错位、变形的身材得到矫正,最后对形体动作和表现加以约束,即展现礼仪美。无论怎么训练形体、改善形体,或选择合体的服装进行修饰等,最终都要回归于仪态。

　　本书分体态、体形、礼仪三个部分,具体内容包括形体气质塑造、肢体梳理训练、综合形体训练、塑型训练、基本仪态礼仪、表情礼仪、手势礼仪、服饰与形象塑造等。

　　通过形体训练,让学生获得一种正确的形体感觉,从而获得一种从内到外地展现气质、控制体态体形的方法。通过礼仪学习、训练,使学生拥有高水准的、符合职业形象要求和适应社会交往的形体与礼仪。这些方法简洁实用,在学习中能很快掌握,也很容易在日常生活中加以使用,随时随地,不需腾出专门时间、专门场地,能够把礼仪规范、仪态训练和日常生活融为一体,掌握提升修养、保持体形和展现魅力的主动权。

下面所讲到的一些练习方法,更多的是一种提示性的,需要学习者多体会、多感觉,根据自己的需要挑选出适合自己的形体训练动作,随时随地、轻松自如地控制自己的形体,提升气质。

课题2 形体与礼仪训练的作用

一、培养身体韵律

骨骼、关节和肌肉发育正常与否,将影响一个人的体型。由于形体练习内容丰富,能全面改善体态,因而经常进行形体练习能使骨密质增厚,骨径变粗,骨周围的血液循环得到改善,加强骨的新陈代谢,从而使骨在形态结构上趋于理想化。而青少年正处在生长发育的关键时期,身体形态的可塑性很强,进行系统的形体训练,不仅能提高健康水平,而且对于修饰、矫正身体的不良姿态,形成优美的体态有着特殊的功效。

二、打造整体气质

气质是人的个性特征之一,主要表现在情绪发生的快慢、强弱,表现的显隐以及动作的灵敏或迟钝方面。风度是指人的言谈、举止、态度的良好表现。一般来讲,经过系统形体练习的青少年,除了身材匀称外,还表现在举止得体,坐、立、行落落大方,能够充分展示出青少年蓬勃向上的青春活力。不同的运动项目对于人的气质、风度的形成有不同的影响。形体与礼仪训练可培养高雅的气质和风度,这是因为它不仅训练了人体的优雅姿态,而且也传播了人际交往艺术,培养了学生的礼仪内涵修养。青少年一代是祖国建设的接班人,健康的体魄、优美的形体、优雅的举止、得体的行为都代表着国家与民族的形象,因此加强对青少年的形体与礼仪教育,尤为重要。

三、提炼内在修养、挖掘内在美

形体与礼仪训练在内容上采用了整体练习与分部位练习相结合的方法,为全面并有重点地锻炼、"雕琢"人体提供了条件,即可以使肌肉的控制能力增强,又能培养正确的感知觉,在锻炼形体美的同时,进一步提炼了内在修养。

形体与礼仪训练在教学过程中是以改变学生形态动作的原始状态,提高灵活性、增强可塑性为目的的。它为良好的站姿、坐姿、走姿及身体素质的培养打下良好的基础,同时也通过一定的手段,使学生实现从"知礼、懂礼"跨越到"用礼"阶段。

课题3 形体与礼仪训练的任务与要求

一、任务

1. 掌握形体与礼仪的基本知识

优美的形体和仪态必须经过长期的练习才能塑造并稳固下来,因此,掌握形体与礼仪训练的基本知识,把握服务礼仪中态势语的规范要求,学会科学合理的训练方法,融会贯通地应用礼仪是形体与礼仪教育必须完成的一项重要任务。

2. 塑造高雅气质和优美形体

青春期是身体发育和树立理想的重要时期,也是塑造优美形体的最佳时期。此时身体的可塑性很大,通过合理的设计、科学而有序的锻炼,可以改变体形不足之处,调整姿态,从而达到培养气质、塑造形体的目的。

3. 培养良好的职业道德

形体与礼仪教育是和美紧密联系的,学习者的肢体、眼眉、服装、礼仪都蕴涵了美的韵味,在外在美和内在美完美的统一与协调下,才能造就真正的美丽。因此,培养优良的社会公德习惯,爱岗敬业、诚实守信、热情服务的职业道德观,可为学生走入社会奠定良好的基础,为学生个人可持续发展提供空间。

4. 树立正确的审美观

审美是人的精神生活需要,审美意识是人主观对客观存在的美丑属性的反映,它包括人的审美感觉、认识、感情、经验、趣味、观点和理想,等等。生活中美无处不在,发现、感受、评价和欣赏美是每个人应具备的能力。在本课程的学习过程中,学生可在练习中不断加强审美意识锻炼,树立正确的审美观,提高欣赏美、感受美、享受美、表现美和创造美的能力。

二、要求

1. 全面掌握个人情况

学习是针对个人身体进行的,以改善、调整人体形态为目的,为此在学习前要充分了解个人的情况,对自己的身体外形、机能状况、技能水平等方面要有一个全面的了解。这样,在学习时才能更好地针对自身情况逐步提高并完善。

2. 循序渐进

任何知识的学习都是由浅入深的,形体与礼仪训练也不例外。优美的姿态来源于基础的站、走、坐等单一动作的配合,站、走、坐的好坏又离不开骨骼、肌肉、各关节的支持。因此,要充分认识到基础练习的重要性,从单一的姿态、动作练起,循序渐进,最终达到动作的完美结合。

3. 坚持不懈

要想获得优美的形体,必须坚持规律的学习。除了课堂教学和练习之外,更要重视把训练渗透到个人生活中。

4. 要有良好的心理素质

在学习中需保持良好的心态来面对自己的优势和不足,正确地评估自己,不断提高、完善,树立自信,用一个良好的心态来接受考验。

课题 4　注 意 事 项

由于中职生正处于青春发育期,身体各部位和心智的可塑性较大,因此在这一时期进行科学的训练,对塑造健美体形,培养良好形体气质,提炼内在修养有显著的作用。

一、青春期生理特征

1. 身体形态

青春期形态发育的显著特点是身高和体重迅速增长。在生长激素的作用下,身高生长突增。身高增长快,主要是由于下肢骨的增长。体重显著增加,是由于骨髓和肌肉的迅速增长,以及其他组织、器官的生长。所以一个人的身高可以体现其骨骼发育的情况,一个人的体重,不仅是骨骼,而且是全身肌肉、脂肪和内脏器官情况的综合反映,因此,常以身高和体重作为衡量青春期少年形体发育好坏的基本指标。

(1) 增长速度。人类个体发育中,在胎儿期及出生后的第一年内,形态发育是最快的,以后发育速度逐渐减慢,青春期发育前是最低点。进入青春期,出现第二次生长加速,并迅速达到增长的高峰,也就是 10～14 岁的女孩和 12～16 岁的男孩,这时他们就像雨后春笋,一转眼就长高了许多,以后增长速度逐渐缓慢。青春期时身高可增长 30～50 cm,体重可增长 20～30 kg。一般到了 18～22 岁,绝大多数男女青年的身高就基本定型了。

随着身高的增长,青少年的体重也相应增长。但体重的增长,不如身高的增长那样明显。体重增长时间较长,幅度较大,一直到成年以后也可继续增长。要想使自己身材匀称健美,必须有一个与身高相适应的体重。

(2) 各部发育顺序。青春期,身体各部的发育时间及发育速度不一致。大量观察发现,肢体生长比躯干生长早,纵向生长比横向生长早。

(3) 体型。到青春期后期,男性身高、体重等形态指标的数值均大于女性,并且由于身高、肩宽在男女间的差距大于体重、盆宽的男女差距,男性的肌肉量多于女性,女性的脂肪积累增多,尤其是胸部和臀部,因而最终形成了成年男女的不同体型,即男性身材高大、肩宽盆窄、肌肉发达,女性身材相对矮些、胸部丰满、髋部较宽。

2. 生理功能

在青春期,随着形态的发育,人体的各种生理功能也发生明显的变化。

根据男女青春期机能发育特点,应注意,青春期的机能发育是落后于形态发育的,所以,尽管其躯体已接近成人,但生理极限和劳动、安全负荷都小于成人,过度负重或运动会损伤骨骼、关节、韧带和心血管系统等,因此,必须特别重视青春期的健康保护。另一方面,也应重视男女间的生理差异,无论在安排锻炼或劳动时,都不应强求一致,应区别对待。性发育是青春期发育最重要的特征,它包括生殖器的形态发育、功能发育和第二性征发育。在青春期,性发育趋于成熟。

二、青春期心理特征

在青春期,生理发育迅速成熟,而心理发育则相对迟缓,从而出现人的心理成熟水平、社会阅历积累与急剧的生理成熟不相适应,即心理年龄与生理年龄相脱离的现象。因此,会产生许多矛盾,如个人要求与依赖关系、自我设计与师长要求、理想目标与现实可能、个人消费与经济能力、意识与社会行为。这种主观上欲求与客观上可能的矛盾,引起了青少年内心的烦躁与不安,因此青春期容易产生心理不平衡和身心功能障碍。

理想的产生有赖于个人生理的成熟、社会的要求和个人认识水平的发展这三个基本条件。生理是一种前提条件,后两者才是有决定意义的因素。在青春期,由于人们的认识水平不高,对社会要求的理解比较粗浅,加上情感不够稳定,意志力比较薄弱,因而人们的理想往往带有更多的一时冲动与情境激励,个人色彩较浓,起伏波动较大,容易受境遇影响而变化不定。到了青春期,人们开始注视自我、关心自我、发现自我、突出自我、独立自我。

三、生理准备与心理准备

1. 生理准备

(1) 注意营养的全面与均衡。青春期人体各器官、系统迅速发育,这就使人体对各种营养物质的需要迅速增多。比如,一般成人每天需要 70 g 蛋白质,而青少年在青春期则要增加 25%～50%,并且有些营养物质是青少年生长发育所必不可少的,因此在青春期要特别注意加强营养,多吃含蛋白质丰富的食物以及蔬菜和水果,做到不挑食不偏食,全面摄取营养。

(2) 不吸烟。烟草和烟雾中含有大量有害物质,如亚硝胺、尼古丁、3,4-苯丙芘、一氧化碳等,影响吸烟者的健康。研究表明,一支香烟含有 6～8 mg 尼古丁,可以毒死一只小白鼠,20 支香烟的尼古丁可以毒死一头牛。3,4-苯丙芘是强烈的致癌物质,会引发肺癌。亚硝胺和一氧化碳会导致肺气肿和气管炎。吸烟对青少年的危害更大,因为青少年正处在生长发育期,身体各部分的细胞组织还很娇嫩,在有害物质的刺激下,更易发生病变。吸烟不仅会使吸烟者自身受到伤害,还会污染环境,危及他人健康。

(3) 注意劳逸结合。青春期在人的一生中既是长身体又是长知识的关键时期,所以处在青春期的青少年要特别注意劳逸结合,保证合理的学习和休息时间,注意学习中的用脑卫生和睡眠卫生。

（4）月经是女性正常的周期性生理现象。少数女性月经前一天和经期内会出现轻微的不适感，这属正常生理现象，一两天就会自动消失，无须停止锻炼。研究表明，经期内适宜的锻炼，能改善人体的功能状态，促进盆腔内血液循环，有利于经血的顺利排出。在经期参加锻炼应注意适当减轻运动负荷和运动强度，避免剧烈或对身体震动大的运动，特别是避免明显增加腹内压、憋气和静力性的运动，如举重、收腹、俯卧撑，以防止子宫受压造成出血过多，如出现月经紊乱、痛经等情况时，应暂停锻炼。

2. 心理准备

对于一名即将参加形体与礼仪训练的学生来说，为了能够在学习中获得满意的效果，必须从以下几个方面做好心理准备。

（1）贵在坚持。爱美，追求美，是人的天性。完美形体的塑造，并非一朝一夕就能完成的，它需要艰苦的努力。只有坚持不懈、持之以恒地用科学的方法进行锻炼，美才会来到你身边。

（2）要自信且务实。人与人的形体是千差万别的，既有自己的长处，也有自己的短处，这就是人们常讲的"尺有所短、寸有所长"。为此，在训练中常会遇到老师的评价、旁观者的态度、个人的悟性和协调能力等多种因素的困扰，因此在训练过程中要保持良好的心态，正确分析自身存在的问题，客观地评价自己，在此基础上根据自己的年龄、性别、身体发育特点，制定适合自己的训练目标，忌好高骛远、盲目、不切合实际的想法，以务实的态度、饱满的热情投入到训练中去。

（3）循序渐进。在学习中，目标的制定、内容和手段的选择、方法的运用、负荷大小的安排要由易到难，由简到繁，由浅入深，由大到小，逐步提高。形体的变化是人体机能能力适应性和有机体发生变化的过程，简单来说就是积累的过程，因此训练一定要循序渐进，只有这样才能使形体始终朝着自己理想的方向发展，最终到达完美。

四、物品准备

1. 着装

形体训练是针对身体的训练，身体的形和态能完美无缺地观测到，这对于了解、判断、纠正形态以最终达到训练目的相当重要。因此参加形体训练时，服装应从紧身性、保暖性、透气性、吸汗性、轻便舒适性和便于运动方面来考虑。棉质且带氨纶的运动服装较适合作为训练服装；最好能穿轻便、富有弹性、具有良好透气性的体操鞋或舞蹈鞋；袜子应当透气性好、吸汗性强、干净、柔软、有弹性。

2. 场地准备

一间装有落地镜、把杆和木地板的教室。

能满足一个教学班使用的体操垫。

组合健美器械，哑铃，杠铃等。

 思考练习

1. 形体与礼仪训练的理念、作用和任务。
2. 学习本课程需要做好怎样的准备？
3. 通过形体与礼仪训练，你期待获得哪些改变？

任务 2　美 的 诠 释

【活动情景】

多媒体教室。

【任务要求】

1. 了解形体美的含义、内容和标准。
2. 认识体态对个人形象的重要性,建立一种良好的体态意识。

 基本活动

课题 1　认识形体美

每一个时代,每一种文化,每一个民族,人们都在以不同的方式谈论着美、追求着美、评判着美。古往今来,无数圣贤都从不同角度言说了美的本质。孔子说"里仁为美",柏拉图说"美在理念",现代学者克罗齐说"美就是表现",但这些都不能表尽"美"的内涵。为回答"美是什么"这一问题,近代中国学界也先后形成了四种观点:主观派、客观派、主客观派、客观社会派。他们或从哲学角度,或从艺术角度,或从伦理角度,或用思辨方法,或用实证方法,或用语义分析法,都在试图揭开这个谜底。但迄今为止,仍不能得出公认的论断。的确,美的标准定义很难确定,因为"美"太深厚太广博。讲到欣赏古典文学名著《红楼梦》,鲁迅先生的话说得真切、明白:"经学家看见《易》,道学家看见淫,才子看见缠绵,革命家看见排满,流言家看见宫闱秘事"。毛泽东讲:"史沫特莱说,听中国人唱《国际歌》,和欧洲不同。中国人唱得悲哀一些。我们的社会经历是压迫,所以喜欢古典文学中悲怆的东西。"美的本质是存在的,但又是无法言说的,特别是不能给出定义的。正所谓:"道可道,非常道。名可名,非常名。"

美的本质无法以正名的形式来获取,它只能是在具体的时代、具体的文化中,以具体的方式逐渐显现出来。由此,美成为人类永恒的追求。而且,人们在不同时代对美的不同方式的言说和解读的追求过程,其意义就远远超过了答案本身。

现如今,在现代商业社会中,人们对美的愿望已经渗透到社会生活的各个角落。特别是在市场经济繁荣、社会政治稳定的历史条件下,人们处在无忧无虑、积极乐观的状态中,自身对美的追求比以往任何时候都更加强烈。随着社会的发展和文明程度的提高,人们的生活与美可谓是息息相关,这使得我们不仅仅满足于身体健康,还要千方百计追求形体、体态、形象的美,这是时尚社会发展的一种潮流。

一、形体美的含义

现代社会,科学技术飞速发展,信息技术广泛运用,国际竞争日趋激烈。为适应社会发展和相应职业、岗位的需要,人们在知识、技能提高的同时越来越注意形象,越来越懂得打扮自己、美化自己了。形体美是一个人的门面,它能给人以自信,使人在心理上处于优势。个人形体的优美程度(包括形体美和精神、风度和气质美),在市场经济中可以作为一种竞争条件,成为用人单位选拔人才的一个准入条件。为此,我们必须十分重视形体美,并深刻了解它的真正含义。

形体美是指在社会评价体系的基础上对一个人的体形、体态、仪态、气质等作出的综合评价。它是社会审美标准的一种体现。由于形体美是以人为审美对象,具体而言,形体美就是人的身体曲线美,是指人的躯体线条结合人的情感和品质,通过形象、姿态诉诸欣赏者眼前的一种美。

形体美有人的形体美与物的形体美之分。物的形体美属外表之美,而人的形体美则是外在与灵魂的相契合,是由内向外散发之美。真正的美乃肉体美与精神美的结合,而精神美又包括温柔、善良等因素。因此,形体美不但要展现体形美、姿态美和动作美,还要充分展现精神之美。

现实生活中,人们无时无刻不感觉着人的自身形体的美,无时无刻不在创造着自己形体的美。人们的衣着、仪容修饰,艺术活动中的舞蹈、雕塑、绘画、影视;体育中的健壮与动感等都被誉为"形体的雕塑",都是具有鲜明特征的形体美展示和形体美创造。从古至今,形体美、姿态美、动作美、精神美更是人们对美不懈追求的重要内容。从钻木取火的原始人群到井田耕作的奴隶社会,从等级森严的封建社会到自由、平等的现代社会,从帝王将相、首脑权贵到艺术大师、平民百姓,每个阶级、每个时代、每个人都在追求美。

二、形体美的内容

人体美包含了作为自然人外在的形体美和作为社会人内在的心灵美即气质美。人体美是社会事物当中最丰富、最风采、最动人的美,是社会美的最高体现。

人体美的内容很广泛,主要包括健康美、形体美、姿态美、气质美。

(1) 健康是自然美的基础,是形体美的首要条件。只有健康匀称的肢体、优美的曲线、健壮的肌肉等,才能充分表现出生机勃勃、精力充沛、富有生命力的人体美。

(2) 形体美是一种自然美,是指人体的外形特征与体型类型,比较集中地表现在比例均衡、对称、和谐等形

式上。女性以柔和秀美的曲线为美,男性以粗犷强壮和威严为美,每个人都希望自己的形体匀称、协调、健美,这也是人们不断追求的目标。

(3) 姿态是指一个人在静止或活动中所表现出来的身体姿势和举止神情,主要包括站、行、卧、坐几个方面。形体美不单取决于好的体形,更重要的是使人们从动作姿势中感受到自然美。常说坐有坐相、站有站态、走有走姿。又如,"亭亭玉立"、"顶天立地"分别是男、女姿态美的生动写照。因此,姿态的优劣常常体现一个人的气质、风度和教养的高雅与粗俗。

(4) 气质是形体美的核心。加强自身的思想修养和艺术修养,注意心灵美、行为美、语言美,真正把外在美和内在美很好地融合在一起,全方位地获取知识、陶冶情操、磨炼自己、提高修养,才能培养出高雅的气质和风度,使形体美更具魅力。

三、形体美的标准

形体美的四项基本要素:均衡、对称、对比、曲线。

(1) 均衡是指身体各个部分的发育要符合一定的比例。比如:头与整个身高,上、下肢与身高,躯干与身高的比例等。这些比例关系必须符合正常发育规律的特点。这是千百年来正常人体作用于人类视觉所形成的一种习惯性的典型美。如果一个上身长、下肢腿短的人出现在人们面前时,我们马上就可以得出上下不均衡的结论。

均衡也指身体的协调。一个协调的体型是:竖看直立,横看开阔。这种协调不仅包括人体各部分长度、围度和体积的协调,也包含色彩、光泽、姿态、动作和神韵的协调。

(2) 对称是指从正面或背面看身体左右两侧左右对称、平衡发展。在正常站立和坐时,人体的对称轴要和地面垂直。控制人体对称轴的主要部位是脊柱,脊柱的偏斜,必然破坏人体的对称,身体的不对称容易影响人的内脏器官正常发育,对青少年来讲更是如此。

(3) 对比是指人的体型必须符合对比美的规律。在人们的审美观念中,常遇到两种不同的事物并列在一起,由于他们之间的差异和衬补,事物显得更完美的情况。

① 体型要符合性别特征(隐形对比)。男子需有男性的阳刚之美,女子要符合女性阴柔之美。

② 躯干与四肢对比。躯干是人体的枢轴,应该给人以一种稳定的感觉。而四肢是人体的运动器官,则应给人以灵活感,如果躯干不直、四肢僵硬,会给人以笨而弱的感觉。

③ 关节和肌肉部位对比。关节部位细,说明关节外附着的脂肪少,显得灵活;肌肉部位粗,说明肌肉发达。

④ 上、下肢对比。上肢要求有细线条,多变的结构;下肢则要求拥有粗线条,稳定的结构。

(4) 曲线美有两层含义:一是线条起伏对比恰到好处,二是曲线流畅、鲜明、简洁。男女身体的曲线美有所区别。男子形体曲线美应是粗犷刚劲的,显示出力量之美。从整体看起伏较小,从局部看由于肌肉块隐现而有隆起。女子形体的曲线应是纤细连贯的,显示出柔润之美。从整体看起伏较大,从局部看起伏较小。

四、体态是永远的"装饰品"

"体态是无声的交流语言","天仙般的容貌敌不过魔鬼般的体态",这些都道出了体态的重要性。任何打扮都是身外之物,而实实在在的,任何东西都无法替代的是形体、体态。良好的体态是永远不会过时的最好的"装饰品"。体态是一个人具备什么样的气质、风度和魅力的决定性因素,其他的东西都是"配件"。我们可以想象一下,如果一个人具备良好的体态,再配上得体的服饰,就会展现出更靓丽、更潇洒的风采。但如果他的形体有许多毛病,比如:头部歪斜、佝肩塌背、含胸坠臀、行走拖沓等等,这时即便穿上再华丽的衣服,妆容化得再精细,也不会获得很好的形象。因此,应该多关注自己的体态,树立良好的体态意识,把形体调整到最佳状态,这才是使自己美起来的基础条件。

体态是指身体各部位表现出的态势,体态并不完全等于身材。身材基本上是先天的,身高、躯干和四肢的比例、骨骼的状况等是自己无法决定也难以改变的,而体态则是可以后天训练和培养的。身材好未必体态好。身材欠佳,通过训练和培养,却能获得良好的体态。每个人都可以在自己先天的自然条件基础上去寻找最佳体态。

人的形体千差万别,形体的最佳状态并没有一个绝对的标准,但却有一些基本的要素。这些要素可以归纳为四个字:提、收、松、挺。

"提"、"收"是指腰带以下的部位,膝盖、臀部、腹部向上提收;"松"、"挺"是指腰带以上的部位,前胸、后背、脖子向上挺拔,两肩放松。"提"、"收"、"松"、"挺"里面最应注意的是"松"。整个身体是拉长的感觉,但面部、下巴、脖子、两肩都不能僵滞,要放松,保持正常呼吸。眉头打开面带微笑。可以先靠着墙去寻找这种感觉。在靠着墙找到正确的感觉以后,更多的就是运用了。

"提"、"收"、"松"、"挺"是一个静态的动作,但在静态中却有生机勃勃的机体活动。它对于控制多余脂肪的滋生和堆积,对于防止形体毛病滋生,改善各种形体毛病,都起着非常重要的作用。

要有好体态需有好心态。面呈微笑,是一个面部动作,是一个表情,同时也是内部气息疏通的动作。它是形体与礼仪训练的重要一环,非常简单,但不可轻视。这样做可以保持一个好的心情。如果愁眉不展、心事重重、耷拉着脸,是不利于学习的。所以,面带微笑,展开眉头,放松心情,是形体与礼仪训练中始终需要保持的一个状态,是不可缺少的一个动作。通过这个简单的面部表情训练,能够从内到外慢慢地放松自己的心情,尽情地去感受美好,在这种状态下进行学习,才会真正收到好的效果。

 **温心小贴士**

美是一种整体,在这个世界上,大多数人的五官都既不美又不丑,性格气质才是真正的魅力所在。——作家程乃珊。

美,在千姿百态的生活里,在生生不息的生命中,它时刻伴随着我们。只要我们能常常发现美、感受美、品味美,我们就会对生活多一些热爱,少一些抱怨,我们就会生活得更好。形体美只是我们生命中美好的一部分。美在体态,美更在心灵。

 思考练习

1. 现代形体美的含义是什么,包含哪些内容?
2. 请阐述"提"、"收"、"松"、"挺"的最佳体态感觉。

任务3　形体气质塑造新方略

【活动情景】

形体训练教室,多媒体教室。

【任务要求】

1. 了解气质美的含义,形体气质的表现,培养气质的途径。
2. 熟练掌握形体气质练习方法,塑造不同的气质美感。

 基本活动

课题1　气质美学说

一、什么是气质

从心理学上定义,气质是人们进行心理活动时或在行为方式上表现出来的强度、速度、稳定性和灵活性等动态性的心理特征。气质类型是人一生来就有的,它仿佛使人的全部心理活动染上了独特色彩。根据神经活动的规律,巴甫洛夫把人的气质分为四种:胆汁质(兴奋型)、多血质(活泼型)、黏液质(安静型)、抑郁质(抑制型)。

——胆汁质气质的特征是直率、热情、精力旺盛、易于冲动、心境变换剧烈。

——多血质气质的特征是活泼、好动、敏感、反应迅速、喜欢与人交往、注意力容易转移、兴趣容易变换。

——黏液质气质的特征是安静、稳重、反应缓慢、沉默寡言、情绪不易外露,注意力容易集中但难以转移,善于忍耐。

——抑郁质气质的特征是孤僻、行动迟缓、体验深刻、善于觉察别人不易觉察到的细小事物。

人的气质类型可以通过一些方法加以测定。但只属于某一种类型的人很少,多数人是介于各类型之间的中间类型,即混合型,如胆汁-多血质、多血-黏液质等。

从美学角度定义,气质指的是一个人的风格、风度以及风貌,是通过个体的仪表、礼仪和社交等方面来展示的。

气质,似乎是人们熟知而又不易捉摸的概念,大有"只可意会不能言传"的意味。在人际交往中,人们常常用气质来评价对方,如"艳而不俗"、"仪态端庄"、"英俊潇洒"等,实际上这都是由气质美所带来的风采。一个人持久的、高贵的美莫过于气质美。

气质是相对稳定的个性特征、风格以及气度。气质美是指一个人的内在涵养或修养的外在体现。气质是内在的不自觉外露,而不仅是表面功夫。气质美,属于一种内在美、精神美,是以一个人的文化、知识、思想修养、道德品质为基础,通过对待生活的态度、情感、行为等直观地表现出来的。人们观察、评价一个人的气质时,往往是"由表及里",透过对方的眼光、神情、谈吐,才能观察到一个人的气质。常言道,"眼睛是心灵的窗户"、"神情是感情的外露"、"谈吐是直抒胸臆的表达"。在现实生活中,  有相当数量的人只注意穿着打扮,并不怎么注意自己的气质是否给人以美感。诚然,美丽的容貌,时髦的服饰,精心的打扮,都能给人以美感。但是这种外表的美总是肤浅而短暂的,如同天上的流云,转瞬即逝。如果你是有心人,则会发现气质给人的美感是不受年纪、服饰和打扮局限的。

一个人的真正魅力主要在于其特有的气质,这种气质对同性和异性都有吸引力。这是一种内在的人格魅力。所以,如果想要提升自己的气质,做到气质出众,除了穿着得体、说话有分寸之外,还要不断提高自己的知识、品德修养,不断丰富自己。

二、气质魅力的表现

在现实生活中,气质好的人,的确能给人以美的享受,比如:外貌秀丽、举止端庄、性格温柔的人,给人以恬静的静态气质美;身材魁梧、行动矫健、性格豪爽的人,给人以粗犷的动态气质美;外貌英俊、举止文雅、性格沉稳的人,给人以高洁优雅的气质美。各种气质,均由每个人所处的不同环境及其心理因素所决定。良好的气质,是以人的文化素质、文明程度、思想品质为基础的,同时还要看其对待生活的态度。

1. 气质美表现在丰富的内心世界

理想是内心丰富的一个重要方面,因为理想是人生的动力和目标,没有理想,内心空虚贫乏,是谈不上气质美的。一个怀有高尚理想和志趣的人自然也是一个朴素谦虚的人;在现实面前,他们把自己的愿望和事业结合起来,并认真实践,总是精神振奋,神采飞扬,给人以生机勃勃的感觉;在遇到逆境的时候,总是孜孜不倦,锲而不舍,给人以自强不息的感觉。相反,软弱、幼稚、自怨自艾是气质魅力的大敌,拥有这种精神状态的少年,多表现为依赖性过强、自我满足或自暴自弃。他们多能换来人们的同情,而无法赢得人们的赞誉。

品德是气质的另一个重要方面。为人诚恳,心地善良是不可缺少的。此外,还要胸襟广阔,内心安然。

2. 气质美看似无形，实为有形

气质美是有形的，它是通过一个人对待生活的态度、个性特征、言谈举止等表现出来的。

3. 气质美表现在举止上

一举手，一投足，走路的步态，待人接物的风度，皆属气质。朋友初交，互相打量，立即产生好的印象，这种好感除了来自言谈之外，就是来自举止了。热情而不轻浮，大方而不做作，就能表露出一种高雅的气质。

4. 气质美还表现在性格上

这就涉及平素的修养。要忍耐谦让，关怀体贴别人，忌怒忌狂。忍让并非沉默，更不是逆来顺受，毫无主见。相反，开朗的性格往往透出大气凛然的风度，更易表现出内心情感。而富有情感的人，在气质上当然更添风采。

5. 高雅的兴趣是气质美的又一种表现

例如，爱好文学并有一定的表达能力，欣赏音乐且有较好的乐感，喜欢美术而有基本的色调感等，这些高雅的兴趣是气质美的又一种表现。许多人并不是靓女俊男，但在他们的身上却洋溢着夺人的气质：认真，执著，聪慧，敏锐。这是真正的气质美，是和谐统一的内在美。

追求美而不误解美、亵渎美，这就要求每个人都要从生活中领悟美的真谛，把美的外貌与美的气质、美的德行与美的语言结合起来，展现出人格、气质、外表完美融合的美好形象。

三、培养好气质

男性的气质特点是沉稳、刚毅、执著、豁达、豪放、爽朗、乐观、粗犷、坚韧、威严、大胆、果断、博大、深沉等，具有特殊的力度感。女性的气质是妇女最优秀品德的集中体现，是道德上纯洁、情操上高尚的最高体现。高雅的女性气质的前提是要有崇高的生活理想。女性越重视自己的天资、才能，她的美和女性气质就越灿烂夺目。

（1）多读书。"腹有诗书气自华"，要注意自我修养，丰富内心世界，积极培养自己在文学艺术上的修养，增加内涵。

（2）突出个性。良好的外貌是最直接的吸引力，然而，随着交往的加深，了解的增多，真正能长久吸引人的却是人的个性。

（3）有意识地主动与那些气质好的人交谈，次数多了，紧张及拘谨的情况会消失或减少。

（4）走路时尽量做到抬头、挺胸、收腹，初期可能会觉得不自在，但持续长时间后会无意识地做到这些。女生多穿高跟鞋有助于形体挺拔。

（5）平时言谈举止要注意避免粗俗。关注一些关于时尚、服饰、配饰方面的信息。气质最主要的

特点是由内而外,气质的培养是长期的过程,需要平时不断的自我提升。

课题 2　塑造形态气质美

形态气质美不仅体现在容貌方面,还体现在自信、善良、内涵等很多方面。

人的体态美,是通过优美的形体姿态来体现的,而优美的姿态又是由正确的站姿发展出来的。站姿是人们生活交往中的一种最基本的举止,是生活静态造型的动作。优美而典雅的站姿是一个人动态美的基础和起点。一个良好的站姿,必然是头部端正、两眼平视、梗颈、肩部放松、挺胸、收腹、提臀、膝关节伸直。因此,站姿作为动态美的基础和起点,应该得到真正的重视和有效的训练。

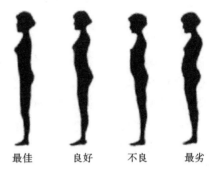

最佳　　良好　　不良　　最劣

训练活动一　基本站姿练习

1. 气质功效

通过学习寻找正确的身体感觉,获得最佳体态。矫正腿型和不良站立习惯,培养最基本的体态美感。身体的所有动作从站立开始,又结束于站立,所以建立良好而正确的基本站立姿态意识,有着极其重要的意义。

2. 练习流程

采用肃立的姿势,即两脚跟并拢,脚尖略为分开,呈 V 字形,双腿伸直,双臂自然垂下,置于体侧,打开眉头,面呈"王"字(即微笑的表情)。

　　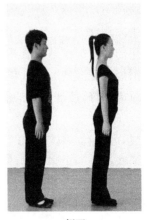

正面　　　　　　　　　　　　　　侧面

 老师支招

(1)练习者在训练中要注意保持轻松的面部表情,眼睛平视前方,身体向上挺拔,使颈椎、胸椎、腰椎、尾椎在感觉上成一条直线,向上牵引,头顶找天。

（2）利用口诀的方式强化要领。口诀一：找三点——头顶找天、两肩扩展、两膝收紧（意为脖子挺拔靠后衣领，两个肩膀向后展开端平，大腿肌肉用力向上收缩）。口诀二：提、收、松、挺——"提"、"收"，是指腰带以下的部位，膝盖、臀部、腹部向上提收；"松"、"挺"是指腰带以上的部位，前胸、后背、脖子向上挺拔，两肩放松。口诀三：拉出颈部"小坑"，即脖子向上挺拔，展现颈部线条感。

（1）靠墙站立：背靠一面平整垂直的墙体，将后脑勺、两肩、两臀、两小腿肚和两脚跟这九个点都紧贴着墙面。提收膝盖，收紧臀部、腹部，感觉肚脐向里收，不要塌腰挺肚。两肩向后扩展，同时要放松。两臂自然垂下，胸部自然挺起。不要抬下巴，颈部向上牵引，引导整个脊椎在感觉上成一条直线，头顶找天。整个身体有拉长的感觉，但面部、下巴、脖子、两肩都不能僵硬，要放松，保持正常呼吸，眉头打开，面带微笑。练习正确的直立姿势，每次5～10 min。

（2）背靠背站立：脚跟、脚趾、臀部、双肩和后脑勺贴紧。此练习可训练站立时的挺拔感。

预防和矫正青少年驼背

有些青少年成天驼着背、佝着胸、塌着背，却不以为然，有些同学还认为这样很酷。家长和老师提醒他们把腰背伸直，把胸挺起来，也能够立即做到，可是时间不长，背又不自觉地驼了起来。有的家长或同学自己采用束缚带，绑在两肩背部，想用束缚力来矫正驼背。但这样不仅不能矫正驼背，反而制约了肩背部的肌肉力量，长期下去会使肩背部的肌肉发生废用性萎缩，不仅不能够减轻驼背，反而使驼背更加严重。

青少年的驼背除少数为脊椎病变外，大多数功能性的，是由于背部肌肉发育或背部肌肉缺乏锻炼而造成的。因此单靠提示和机械性的外力束缚是不能够矫正的，还需要加强腰背部肌肉锻炼，使这部分的肌肉健壮有力，不易于疲劳，才能够长期保持良好的躯干姿势。

加强腰背部肌肉锻炼，不仅能矫正和预防人体不正常的躯干姿势，而且还可以避免腰疼。人的脊椎像一个弹簧支柱，它是靠脊柱周围的肌肉力量来稳定平衡的。腰背部肌肉在稳定和保护脊椎方面起着重要作用，因此锻炼腰背部肌肉对改变驼背、防止腰疼、稳定脊柱起着重要作用。

（1）仰卧抬臀腰：仰卧，两腿屈膝，两脚分开同臀部宽度，两手臂贴地，掌心朝下；向上抬高臀和腰背部，这两处的肌肉用力收紧，然后放下身体回至地面，反复做30次。

仰卧　　　　　　　　　　　　　　　　抬臀腰

（2）俯卧两头翘：俯卧，双腿分开略宽于肩，两臂向前伸直；腰背部肌肉用力，将整个身体向上抬起，再轻轻放下，反复做 15～30 次。

俯卧　　　　　　　　　　　　　　　　身体抬起

 常识点点通

专业形体训练的奥秘

　　对于形体的矫正，最专业、最有效的当然是舞蹈演员的形体训练。作为专业舞蹈演员，必须长期保持良好的体态，具体的训练方法是：脚跟并拢站立，两脚脚尖向外分开180°，呈"一"字，术语称为"一位"。这是所有舞蹈演员的基本功，也是每天最常规的练习内容。大家都可以试一下，以"一位"的要领练习，人体会立刻变得挺拔，脊柱立即被拉直，骨盆前倾会得到根本性的矫正。舞蹈界把形体训练称为"整形"，舞蹈演员的完美体态，就是这样造就的。这是最直接、最有效的训练方法，是任何花哨的动作设计都不可能达到的。平时人们总是说提臀收腹不容易做到，但如果以"一位"姿势站立，想不提臀收腹都不可能。

训练活动二　立脚尖修出最佳体态

1. 气质功效

　　常常做立脚尖练习不仅有助于整个身形的挺拔与修长，对雕塑小腿线条美也很有帮助，还有助于恢复、增强腿的力度，解决下肢粗重的问题，使腿部轻巧，身体不会往下坠，同时也有助于控制体重，增强身体控制能力。

2. 练习流程

　　双手扶着把杆或任何一稳固的物体，两脚并拢，"提"、"收"、"松"、"挺"站立。然后脚跟离地，尽可能抬高，脚面尽可能绷直，使身体的重量全在脚趾上，保持 3～5 min 即可。结束动作的时候，脚跟落地缓慢，身体笔直下落，保持良好的体态感觉不变。练习结束时,将两手重叠,手掌心贴住肚脐,深呼吸三次。

侧面

背面

 老师支招

(1) 踮起脚跟时,身体不要晃动,胸部有向上挺拔的感觉。膝盖绷直,不能挺出腹部或向后翘臀,而要收腹提臀,整个身体直上直下,保持"提"、"收"、"松"、"挺"的感觉。

(2) 身体向上牵引、拉长,感觉头顶触到了天。两肩向后扩,并自然下沉,舒展眉头,面带微笑,眼睛平视前方,最好保持眼睛不动,体会亭亭玉立、顶天立地的感觉。寻找挺拔向上的身姿,保持正确的体态,感受端庄大方、典雅的气质风度。停止练习后还要保持这种感觉。

(3) 练习时配以旋律流畅、轻快的乐曲。

训练活动三 脊柱影响你的魅力

1. 气质功效

活动脊椎,实际上就是在"擦洗"脊椎,像扫灰尘一样。通过活动增强脊背肌肉的力量,加强脊椎的柔韧性和灵活性,使它更好地支撑身体,使人挺拔起来。温和地刺激脊椎神经系统,有利于促进青少年的生长发育,矫正鹅颈、胸部不挺括、驼背、脊柱歪斜、侧弯等脊椎问题,还能消除因久坐缺乏活动而导致的腰背部疼痛。

2. 练习流程

站立姿势准备:两腿分开与肩等宽,双手叉腰,开肩拉颈,面带微笑。

颈椎动作:向前低头,感觉到颈椎拉动。

胸椎动作:含胸,同时两肩、两肘往前扣,感觉胸椎拉动。

腰椎动作:向里收缩肚脐,感觉腰椎拉动。

尾椎动作:夹紧臀部肌肉,同时上身再向前弯曲一点,感觉尾椎拉动。以上动作依次连贯完成。

然后身体再从下至上依次抬起回至直立位置。听到尾椎口令时,再次夹紧臀部,尾

项目一 修炼形体气质

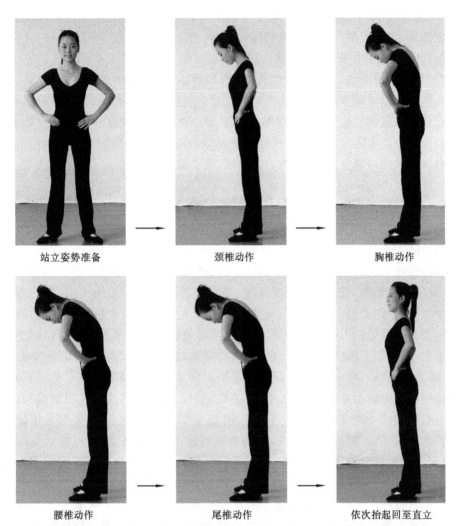

| 站立姿势准备 | 颈椎动作 | 胸椎动作 |
| 腰椎动作 | 尾椎动作 | 依次抬起回至直立 |

椎挺起。听到腰椎口令时,直起腰部,腰椎挺起,肚脐仍然向内收缩,不要腆肚子。听到胸椎口令时,扩胸同时两肩两肘打开,胸椎挺起。听到颈椎口令时,立起头部,头顶找天,使整个脊柱从尾椎、腰椎、胸椎、颈椎成一直线向上牵引。重复以上动作,次数不限。

 老师支招

(1)活动节奏可快可慢,以感到脊椎拉动为准。

(2)可以坐在椅子上练习,双手叉腰,头顶找天,两肩向后扩展,自然放松,面带微笑。脊椎活动动作同上。

(3)通过赏析经典影片、观赏奥运会等,来提高欣赏美的情趣的能力。

 常识点点通

认识你的脊柱

形体上的问题不只是胖瘦、高矮问题,更有颈部歪斜、佝肩塌背、肌肉弹性减弱、僵硬、臀部后拖、步态笨拙等问题。这些形体的不良状况是相互牵连、相互影响的，往往会形成不良循环，加上人的内分泌系统的障碍，就使身体和形体都出现了问题。

人体的整个脊柱由椎骨、椎间盘和韧带组成。椎骨有26节，包括颈椎7节、胸椎12节、腰椎5节和骶椎2节，并呈四个生理弯曲，即颈椎前曲、胸椎后曲、腰椎前曲、骶椎后曲。当人体后部贴墙站立时，正常的生理状态是头枕部、肩胛骨、臀部触及墙面，而颈部、腰部应有像拱桥状的空隙，并能容纳平放的手掌。如果这些触面和拱桥状空隙有改变，则表现在体态上也有改变。如果颈椎拱桥状间隙消失，就表现为颈部前倾、肩背部僵直；如果腰椎拱桥状间隙消失，就表现为上体前倾、腰部僵直、臀部后拖甚至步态笨拙。

从形体姿态角度来说，颈椎、胸椎、腰椎、尾椎在感觉上成一条直线，向上牵引，头顶找天，是直立挺拔、顶天立地的样子。但是，由于人们生活中的惰性、恶习，或者经常重复一种形体动作，比如伏案书写、单肩背包，行走和坐的时候过于松懈等，久而久之，就会失去正确的形体姿态。

颈椎前倾错位，是很常见的一种现象，又称"鹅颈"。颈椎一错位，头向前伸或者脖子向下，导致过早出现重下巴，颈部出现褶子，两腮与脖子之间滋生出肉团，有的脖子后面出现一个大肉团，像面包一样。颈部最能显示一个人的气度与优雅，但错位的颈部又怎能展现气度与优雅呢？不但外部看着不美，还会导致颈椎病。颈椎前倾错位产生的问题会影响胸椎，如胸部不挺拔和发育不良，两肩向前佝，塌腰驼背，时间长了，还会影响呼吸机能，使横膈膜肌肌力减弱，肺活量减小。颈椎和胸椎出现的错误状态必将影响到腰椎，使腰椎拱桥状间隙缩小或消失，腰椎变形，腰肌无力，立不起来，这就容易使胸部以下、裤腰带以上的中腰这一圈成为堆积多余脂肪的"沃土"，加上缺少运动，许多人年纪轻轻就有小肚腩、"将军肚"。腰椎立不起来，又会影响到骶椎，影响坐姿，行走或站立时腿就缺乏力量，久而久之就会养成一种懒散习惯，如臀部后拖，行走拖沓、笨拙，体形上出现臀部下坠、大腿变粗等。这样，全身上下不良状况相互影响、相互作用，形成恶性循环，就会令形象气质大打折扣。实际上这就是整个脊椎处于懒惰和僵滞状态，不能正常发挥它支撑躯干的作用所产生的后果。脊椎出现这样的问题，不仅影响体态美，更影响健康。

要解决这些问题，一方面要调整日常生活习惯，另一方面要加强锻炼，把外部肢体调整到位，从活动颈椎开始，反复调整脊椎，矫正体态，找到颈椎、胸椎、腰椎、尾椎成一条直线并向上牵引的感觉。这样，两方面同步调整，达到正确而优美的体态要求，就会为你的形体形象气质加分。

训练活动四　静态造型组合

1. 气质功效

使练习者养成良好的身体姿态习惯，在静态中展现动态的神韵与律动，提高头、眼、身相互配合表现的能力。

2. 练习流程

准备动作：两脚脚跟并拢，脚尖略微分开，呈V字形，双腿伸直，两臂自然垂下，置于体侧，面带微笑。

第1个八拍：双手叉腰，脚部动作不变。

第 2 个八拍：头部略低，站姿不变，眼睛看地面前 1 m 处。

第 3 个八拍：双手叉腰，左脚向左侧打开，分腿站（大八字位），同时头部回正，平视前方。

第 4 个八拍：头部向左转动 45°，眼睛平视。

第 5~8 个八拍重复第 1~4 个八拍的动作，头部向右转。

第 9 个八拍：右脚后撤一步，向左丁字步站立，双手叉腰不动，身体稍向右转，目视前方。

第 10 个八拍：左脚后撤一步，向右丁字步站立，身体稍向左转，目视前方。

第 11 个八拍：两臂自然垂下，置于体侧，保持右丁字步不变。

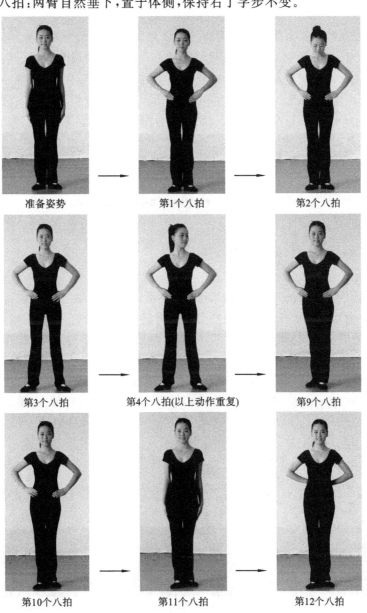

准备姿势　　第1个八拍　　第2个八拍

第3个八拍　　第4个八拍(以上动作重复)　　第9个八拍

第10个八拍　　第11个八拍　　第12个八拍

第12个八拍:双手背在身后,置于腰骶骨处。

老师支招

(1) 保持微笑的表情,在"提"、"收"、"松"、"挺"的状态下完成此项练习。
(2) 注意在练习中身体方向的细微变化,把握在不同的姿态时身体重心的控制。
(3) 练习时可配以旋律轻快、节奏感稍强的音乐。

常识点点通

点面训练

所谓点面训练,是指人体面与空间点之间接触的训练。人的外部形体是由若干个面和空间诸多个点以不同形态组合而成的。空间是一个固定的概念,这就要求训练者用自身形体的面,主动与空间点发生联系,以调动人体的主动性,形成明确、统一的动作形态。通过动作美感训练,加强人体的表现力,使人体动作形态更准确、生动。我们可以把人体四周的空间分为八个点,正前方为一点,顺时针方向每隔45°角视为下一个点。

点面训练是以意念来进行训练的一种方法。该训练是以意念是把人的全部思想和念头都集中到人体的某个面上,用意念的作用人体面与空间点相接触。

课题3　塑造高雅气质美

训练活动一　蹲姿打造优雅气质

1. 气质功效

由于此动作要求在有一定难度的情况下,还要保持形体的"提"、"收"、"松"、"挺"的状态,所以,这个动作非常有助于人们找到一种潇洒神气的感觉,有利于增强膝关节的柔韧性和力度,锻炼肌肉控制能力,保持肌力平衡,拉长大腿和小腿肌肉,雕塑与矫正腿形。

2. 练习流程

双(单)手扶把杆或任何一稳固的物体,保持身体平稳站立,"提"、"收"、"松"、"挺",两腿分开,略比肩宽,两脚呈"外八字",两眼平视。缓慢下蹲呈马步,脚跟不离地面,膝关

准备
→

下蹲
→

甩头

节弯曲不要小于45°,尽量开胯,下蹲到位后,随之起立,以脚腕和膝盖的力量将身体均匀推起,双腿回复直立位。然后向右(左)侧转动头部即甩头,之后迅速回正。甩头动作犹如探戈舞里的甩头动作。结束时,将两手重叠,手掌心贴住肚脐,深呼吸三次。

 老师支招

(1) 保持身体端正,脊椎挺直,这样肩部、颈部、胸部、腰部的感觉也随之到位。

(2) 不管是下蹲还是起立,要始终保持脊椎向上牵引的感觉,开肩拉颈,面带微笑。身体保持平稳,上体不前俯不后仰。收腹提臀、开胯,同时臀部向前顶。上身一定要保持直上直下,体态正确,不能撅臀。

(3) 通常用3/4拍的圆舞曲,动作节奏每两小节一动为宜。

训练活动二 干拔

错误动作

1. 气质功效

进一步强化、巩固良好的体态感觉,塑造现代人应有的活力和精神面貌,消除萎靡不振的状态。进一步强化半脚尖站立的作用。

2. 练习流程

双手扶把杆或任何一稳固的物体,两脚呈小八字或并拢站立。两脚脚跟连续起落,靠脚尖、脚跟和小腿肚的力量,支撑带动身体一起一落。反复练习,练习次数以小腿肚的承受能力为限。结束时,将两手重叠,手掌心贴住肚脐,深呼吸三次。

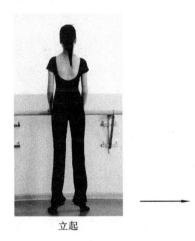

立起

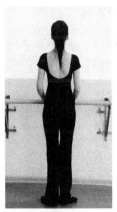

落下

 老师支招

(1) 踮起时脚跟尽量抬高,落下时不要猛地突然一下落地,而要有韧劲地缓慢下落。不论起落,身体都要像根棍子一样直上直下,千万不能松懈。注意体会上拔、挺起脖子的感觉。

(2) 在身体上下起落中要控制好体态,这也是学习的难点。

(3) 宜配以节奏中速如2/4、4/4拍的音乐,最好采用旋律有力度、节奏感稍强的音乐。

常识点点通

难看的翅状肩胛

人体肩胛骨正常的位置是平贴在背部两侧,无论是穿衣或赤膊,后背部都应是平整的,外观上看是一种英姿飒爽而挺拔的姿势。但是,有些青少年肩胛骨向后凸起,从背后看好像是一对张开的翅膀,被称为"翅状肩胛"。翅状肩胛不单纯是后背凸起,而且胸前两外侧和肩前两外侧之间还有一个较宽的凹陷沟,肩部也显得突起,给人一种病态感。

翅状肩胛是怎样形成的呢?在人体胸前两侧各有一块肌肉名为胸大肌,它的深层有一块肌肉名为胸小肌,再向深处还有一块扁肌,名为前锯肌,它一端附着在上位第8~9根肋骨的外侧面,止于肩胛骨内侧缘和内侧缘下角,直接和间接地牵引肩胛骨向前。与此相对,在后背两侧各有一块菱形肌,它们附着在肩胛骨内侧边缘,能直接牵引肩胛骨向后。前后两部分肌肉以肩胛骨为中心点,像拔河一样用力对抗,平时在肌力上保持着相对的平衡。但如果后背部的肌肉力量薄弱,那么肩胛骨就会被前方的胸大肌、胸小肌、前锯肌拉着向前,这样就会使肩胛骨凸起,形成翅状肩胛。肌力不平衡除病理原因外,通常还有两个原因,一个是发育上的原因,另一个是生活习惯、学习姿态、劳动方式、工作方式和盲目锻炼的结果。

要预防和改变翅状肩胛,千万不可以用束缚带来预防和矫正,束缚带不会给肌肉力量,长期穿戴,会使肌肉更加无力。首先要注意和培养正确的学习姿势,多做些扩胸动作,同时还要加强背部肌肉的锻炼,增强它们的力量。

 拓展学习

(1) 音乐欣赏:《绿袖子》、《爱的协奏曲》、《安妮的仙境》、《变幻之风》、《和兰花在一起》、《致爱丽丝》等乐曲。

(2) 影片欣赏:《罗马假日》。

课题4 塑造艺术气质美

容貌俊秀的人气质不一定好,但体态好的人一般具有比较好的气质。要想拥有良好的体态,进行一些芭蕾形体训练是上佳的选择。芭蕾形体训练的适应面非常宽,只需要你放松心情,投入轻柔美妙的音乐中,全心尽力地舒展并控制自己的肢体。

芭蕾舞诞生于17世纪的法国。无论是古典芭蕾舞剧《天鹅湖》,还是现代芭蕾舞剧《红色娘子军》,我们都可以看到芭蕾舞演员优美的身姿和气质,这正是芭蕾形体训练所带来的。

芭蕾舞演员的挺拔体态无疑是人体美的高境界。作为一种特殊的专门训练,它要求双腿并拢,两脚向外打开180°呈"一"字,术语称为"一位"。这时人的脊柱必然呈笔直状态,长期训练会逐渐形成挺拔的体态和良好的气质。芭蕾给人一种袒露、直接而又优雅、庄重的美感。形体芭蕾的一系列基本动作,都是建立在这一审美观念上。

形体芭蕾主要分地面素质训练、扶把训练等基本训练方式。

地面素质训练包括坐在地上做勾脚背、盘脚压胯、仰卧吸腿、侧卧旁吸腿、俯卧后吸腿、腰部训练、仰卧前大踢腿等动作。这些动作可以打开肩部和胯部关节韧带,加强腰的柔韧性,增强腿部和后背肌群的弹性和力量。

扶把训练是指训练的时候扶着固定的物体进行的训练,常见的有擦地、半蹲、全蹲、小踢腿、划圈等动作。单腿蹲和小弹腿、压前腿、压旁腿、压后腿也是相当重要的训练动作。这些训练动作可以使脊椎、臀、脚踝、臂充满活力,有助于培养优雅和高贵的气质。

训练活动一　手位练习

1. 气质功效

手和腰部的态势语在日常生活交往中最能够体现一个人的风度。在我们的学习中,利用芭蕾手位主要是训练手指末梢神经的感觉、方位的空间感,使动作美感延伸到生活和服务工作的每一个细节中。通过训练,使手、眼、身协调,加强人体的表现力,使人的举止行为更准确、更生动,使气质与神韵完美协调。

2. 练习流程

一位:两手臂于体前呈弧形,两手相距一个拳头,掌心向内,指尖相对。

二位：两臂前举至身体的胃部，手臂呈弧形，掌心向内，指尖相对。

三位：两臂保持二位的形态上举至头部前上方，手臂呈弧形，掌心向下。

四位：手臂呈弧形，一臂保持上举不动，另一臂经体前落至二位位置，掌心向内。

五位：手臂呈弧形，一臂上举不动，掌心向下，另一臂体侧平举，掌心向内。

六位：一手臂近似体侧平举，掌心向内，另一臂前举至身体的胃部，手臂呈弧形，掌心向内。

七位：两臂呈弧形侧举，掌心向前。

老师支招

（1）脚的站位可采用丁字、小八字、踏步位等，还可以在走动中练习。

（2）一定要做到部位准确，用意念的作用与点、面相接触。

（3）先完全掌握单个动作，然后采用内容组合训练，以提高训练的难度和趣味性。音乐伴奏选配中外古典或经典乐曲。

训练活动二　蹲与干拔

1. 气质功效

通过训练，进一步加强体态意识的培养。强壮脚踝、大腿、臀部的肌肉，此动作能有效地矫正腿部的弯曲，如O形腿、粗细腿、萝卜腿等，使腿部肌肉分布均匀，线条美化。

2. 练习流程

单手扶把杆或任何一稳固的物体，两脚站立，分开约与肩宽，脚尖外展，扩肩挺胸，平视前方；第1～4拍做一个半蹲，然后站起成直立；第5～8拍再靠脚尖、脚跟和小腿肚的力量将脚跟提起，成立脚尖站，然后缓慢放下，脚跟着地。以上步骤反复练习，次数不限。

准备

半蹲

立脚尖

老师支招

（1）必须保持身体端正，脊椎挺直，这样肩部、颈部、胸部、腰部的感觉也会随之到位，体态气质就会很优雅、高贵、潇洒。

（2）踮起时脚跟尽量抬高，落下时不要猛地突然一下落地，而要有韧劲地缓慢下落。不论起落，身体都要像根棍子一样直上直下，千万不能松懈。

训练活动三 气息与身韵

1. 气质功效

它将融入每一个训练的动作中,是自然气息艺术化的最简单、最直接的方法,能使身体本位感更为强烈,充分展现身韵,有效提高举手投足的韵味。

2. 练习流程

沉:在坐的姿态上通过呼气,使气息下沉,感觉气沉丹田,以沉气带动腰椎从自然垂直状一节一节下压而形成胸微含、身微弯状,眼皮随沉气慢慢放松。

提:在"沉"的基础上,感觉气由丹田提至胸腔,同时以胸之力带动腰椎从微弯状一节一节直立,感觉头顶虚空,提至胸腔之气不能憋住,随着头顶虚空而感觉向上延伸,同时眼皮逐渐张开,瞳孔放神。

冲:在"沉"的过程中,用肩的外侧和胸大肌向"2点"方向水平冲出,肩与地面保持水平,切记上身不要向前倾倒,感觉腰侧肌拉长,头与肩相反,肩向左冲,头略向右偏,眼和冲的方向一致。

靠:先"提",然后在"沉"的过程中用后肩部及后肋侧带动上身向"4点"方向推出,感觉前肋往里收,后背侧肌拉长,要求肩与地面保持水平拉出,决不能有躺倒之感,身体若向右,头则微向左转,眼平视放神,头及颈部略向下梗。

含:过程和"沉"一样,但加强胸腔的内收,双肩向里合挤,腰椎呈弓形,含胸低头,感觉双肩里合与胸腔收缩,可用双手抱肩寻找感觉。

腆:和"含"的动作相反,在"提"的过程中,双肩向后掰,胸尽量前探,头微仰,使上身的肩胸完全舒展开。注意,"含"、"腆"是内含外展形成的前后运动。

沉

提

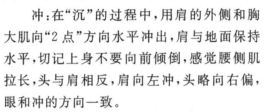
冲

靠

含

腆

老师支招

训练中的呼吸尤其重要,它是控制肢体语言的重要因素。"提"、"沉"作为训练的重要内容贯串始终,"提"、"沉"所带动的是身体中段和头部的上下运动,是呼吸与外部动作相配合的第一步,再配合以不同的节奏及身体方位的变化,使动作具有生命力,从而形成身姿所特有的神韵。学习中要求练习者"以神领形,以形传神"。

· 训练检测 ·

被考评人：					
考评地点：					
考核项目	考核内容	分值	自评	小组评	实得分
体态	1.肩胸开阔	20			
	2.脊柱状态	20			
	3.基本体态感觉	20			
	4.干拔与蹲展示	20			
	5.体态气质美感	20			
合　计					

思考练习

1. 气质美表现在哪些方面,如何培养气质?
2. 体态气质修炼有何方法,平时如何运用?

项目小结

本项目介绍了形体与礼仪训练的任务、作用、要求等,诠释了人体美含义,着重介绍了体态气质的塑造方法。通过对不同气质美感的表现训练,建立良好的体态意识。

项目二

训练完美体形

项目描述

体形是否美,要看符不符合对称与比例协调这两个基本标准。一般来讲,体形美的纵向指标(如身高)受遗传影响较大,但绝非一点也不能通过锻炼加以改变,而人体美的一些横向指标(如胸围、臀围、腰围、腿围)与身体锻炼有密切的关系。因此,通过适当的因体制宜的形体训练,可以使身体各部位的比例有所变化,使体形更加协调。

学习目标

掌握形体标准测量方法,掌握肢体各个部位梳理的方法,学习瑜伽体式,掌握美体塑形的方法。

能力目标

通过持之以恒的形体训练,改造体形,展现形体美。

任务 1　肢体梳理训练

【活动情景】

形体训练教室。

【任务要求】

1. 了解形体各部位的比例标准。
2. 掌握形体标准测量方法。
3. 熟练掌握肢体各个部位梳理的方法和技能。
4. 对形体进行重塑和改善。

基本活动

课题 1　体型测量训练

一、形体各部位的比例标准

人的标准比例主要是五官协调与匀称，身体各个部位器官的比例协调，以及胖瘦、高矮的比例协调。整体的形态美由身体每一局部的形态美组成。对于女性来说，决定其形态美的关键是胸、腰、腹、臀及腿等身体局部的形态。

（1）手臂形态美的标准：手臂和手腕是比较纤细的部分，大体上来说，上臂围（手肘至肩部最粗的部分）比颈围（下巴抬起颈部伸长的状态）细 4.5 cm 是最理想的，如上臂围为 25 cm 时，颈围为 29.5 cm。

（2）肩部形态美的标准：平、正、对称、不溜肩，可看到锁骨。女子圆润的肩膀可以突出其秀美的曲线。

（3）胸部形态美的标准：丰满、匀称、柔韧、有弹性；背部、肩、臂等所连成的线很平顺（没有特别的凸起或凹下），若手臂纤细，更显出胸部优美的曲线。

（4）腰部形态美的标准：两侧曲线圆润，上起胸部下接臀部的曲线柔和变化，从侧面看，胸、腰、臀、腿一同构成了一条光滑的 S 形曲线，从而使女性身材显得优美动人、凹凸有致；比例恰当、粗细适中、圆润、柔韧灵活，能体现一种活泼的青春之美。测量腰围时，深深吸一口气,记下收缩时最细的状态。腰部是最容易囤积脂肪、产生赘肉的部位,身高 160 cm 以下的女性,应保持 60 cm 以内的腰围。腰围应为身高的 30%~70%。不妨捏起腹部的肉看看,腹部的赘肉如果一捏长达 3 cm,表示多出了 10 kg 的赘肉,体重就应减轻 7.5~10 kg。一般来说,减少 1 kg 的体重,腰围便减少 1 cm。然而,仅仅腰细并不代表身材的完美,还要考虑腰至臀部的曲线以及与胸部的平衡。

(5) 臀部形态美的标准:圆润,富有弹性;大小与腰围粗细比例恰当。臀围的尺寸,是指通过臀部顶点的水平方向测量得到的数值。臀部并非是尺寸合乎标准便为美观,挺翘更为重要。双腿伸直、脚跟并拢站立,从腰部至臀部的顶点如果在 18 cm 以内,便属于挺翘型,若超过 18 cm 者,则属于下垂型。根据臀围减去腰围所得的结果进行大小评定,可将臀分为以下五种:特小臀,臀围与腰围之差为 0~14 cm;小臀,臀围与腰围之差为 15~24 cm;中臀,臀围与腰围之差为 25~34 cm;大臀,臀围与腰围之差为 35~44 cm;特大臀,臀围与腰围之差为 45 cm 以上。

(6) 腿部形态美的标准:肌肉富有弹性,小腿肚浑圆适度,脚跟结实,踝部细而圆。基本上是以腿并拢后,两腿之间只有四个小空隙才是最标准的。而大腿长度一般应为身长的 1/4,其围径比腰围小 10 cm;小腿围径比大腿围径小 20 cm。测量大腿围时,大腿向前迈出半步,不要用力,测量臀部下方大腿的部分。小腿围也是以同样姿势,测量小腿最粗的部分。把脚跟放在椅子上,测量脚踝最细的部分便是脚踝围。

二、完美比例的计算方法

西方绘画家认为人体头部与躯干的完美比例为 1∶7(中国认为 1∶6)。其中头身为身高与头长之比。表 1 为完美比例计算方法(男女适用)。

表 1　完美比例围度计算方法(单位:cm)

	完美比例指数	你的理想值	你的实际值
头身	8 个头身		
标准体重/kg	女:(身高-150)×0.6+48 男:身高-100		
胸围	身高×0.515		
胸下围	身高×0.432		
腰围	身高×0.370		
腹围	身高×0.457		
臀围	身高×0.542		
大腿围	身高×0.305		

(1) 身高:主要反映骨骼的生长发育情况。计算方法:身高/头长=头身。例如,身高

为160 cm,脸长为20 cm,头身为160/20=8(即8个头身)。

(2) 体重:反映骨骼、肌肉、脂肪等综合变化的状况。

(3) 胸围:反映胸廓的大小以及胸部的发育状况。在腋下沿胸的上方最丰美处测量。

(4) 上臂围:测量肩关节与肘关节之间的部位。

(5) 腰围:在正常情况下,测量腰的最细部位。

(6) 大腿围:在大腿最上部位,臀折线下测量。

女子形体标准尺度见表2。

表2　女子形体标准尺度参考表(单位:cm)

身高	胸围	腰围	臀围	大腿围	上臂围	体重
152	76	58	86	43	23	48.0
155	80	60	88	44	23	50.0
160	83	63	90	47	23.5	52.0
162	85	65	91	48	24	53.5
165	86	66	93	49	25	55.0
170	89	68	95	50.7	25	57.5
172	90	70	97	50.8	25	59.0
175	91	72	98	51.4	26	61.0
182	93	75	99	51.4	26	63.0

男子身高及体重对照见表3。

表3　男子身高及体重对照表

年　龄	身高/cm	体重/kg
15	169	50
16	173	53
17	176.3	56
18	176.8	59
19	177.3	62
20	177.8	65
21	178.3	68
22	178.8	70
23	179.3	72
24	179.8	73
25	181.3	75

课题 2 颈部梳理训练

拉长颈部是调整形体的首要步骤。要说真的把脖子拉长是不实际的,这里所说的拉长是从挺直脖子开始,将颈椎向上牵引,喉头找头顶的百会,同时也引导胸椎、腰椎、尾椎都处在一个正确的状态。我们把头和颈部看做一个部位,这是影响一个人体态形象的最明显的部位。颈部在头和躯干之间,比较细窄,有很多重要的器官都密集在这里。在结构上颈椎又要有较强的支撑力,来支撑头颅重量,还要有较大而又敏锐的可动性来适应视觉、听觉和嗅觉等的刺激反应。从形体上看,它又最能展示人体的美,所以这个部位对于人的健康和美丽都很关键。

颈部错位是常见的现象,颈部不能正常挺直,不在正位上,会导致颈部皮肤过早松弛,或出现双下巴,或脖子后面出现一块肉团,甚至呈"鹅颈"体态,这样形体气质会受很大的影响。赶快做做下面介绍的这组动作,优美体态、完美身形就从挺拔颈部开始。

1. 形体功效

颈部梳理训练锻炼颈部肌肉,预防颈部不良姿态,有效矫正"鹅颈",增强颈部肌肉弹性,舒展放松肌腱,美化颈部线条,预防和消除双下巴。

2. 韵律节奏

律动中速,共 12 个八拍,每四拍一组动作。

3. 练习流程

准备姿势:双脚并拢站立,两手叉腰,身体挺直。

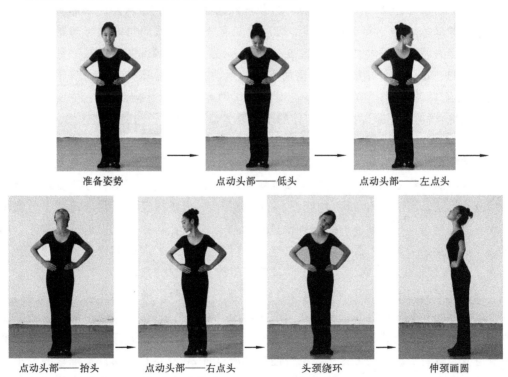

准备姿势　　点动头部——低头　　点动头部——左点头

点动头部——抬头　　点动头部——右点头　　头颈绕环　　伸颈画圆

第1个八拍：一拍向前低头，二拍向左侧点动头部，三拍向上抬头，四拍向右侧点动头部，后四拍重复前四拍动作。

第2个八拍：动作相同但方向相反。

第3～4个八拍：重复第1～2个八拍的动作。

第5～8个八拍：头部先逆时针再顺时针绕环，每四拍转一圈，动作要连续，转动时双眼不要闭上，头颈肩要完全放松，双肩不要上抬，转圈要到位，用力要均衡。

第9～12个八拍：上体保持直立不动，下巴向上找鼻尖，然后带动脖子做向上的伸颈画圆运动。

老师支招

点动头部动作是以头顶为一个运动点，做点头似的颈部活动。做头颈绕环时，是以下巴为一个运动点画圆。伸颈画圆运动结束时，脖子一定要停留在挺拔立起的姿态上。做动作时速度不要太快，用力不能太猛，练习次数以自己感觉舒适为准，可多可少，也可以随时随地做几次，灵活掌握。

常识点点通

"鹅颈"能够改变吗？

有的人脖子细而前伸，使人感到不那么自然，这种体态有别于正常体态，俗称"鹅颈"。造成"鹅颈"的原因是颈部肌肉消瘦，颈部弧线减少或消失，从而使颈部肌肉显得细而前伸。颈部弧线改变除与背部、颈部病理改变有关外，与颈部肌肉发育薄弱或颈部前后肌力平衡失调也有很大关系。要改变这种形态，通过加强颈部肌肉的锻炼是能够取得良好效果的。在锻炼上可分为直接运动和专项运动。直接运动有头部的前屈、后伸、左右侧屈、左右转动、肩肘倒立和头部环绕动作。专项动作有俯卧抬上体，它主要是加强背部肌肉锻炼，既可矫正颈部细长而前伸的不良姿势，同时也有预防驼背的作用。

颈椎病的最新概念

颈椎病是一种常见病和多发病，其患病率为3.8%～17.6%，男女之比约为6∶1。第二届全国颈椎病专题座谈会明确了颈椎病的定义：颈椎间盘组织退行性改变及其继发病理改变累及其周围组织结构（神经根、脊髓、椎动脉、交感神经等），并出现相应的临床表现者为颈椎病。仅有颈椎的退行性改变而无临床表现者则称为颈椎退行性改变。随着现代从事文案工作的人群增多，电脑、空调的广泛使用，人们屈颈和遭受风寒的机会不断增加，造成颈椎病的患病率不断上升，且发病年龄有年轻化的趋势。

颈椎各节共同围成椎管，容纳颈段脊髓；颈椎各椎体两侧横突有孔，供椎动脉穿行。每个颈椎椎间关节都是由5个部分共同形成的闭合性动力系统，当任何一部分骨折、脱位或病变时，将影响其他部分而发生退行性改变。成年人颈椎退行性改变常表现为椎间盘退变、骨赘形成、韧带骨化，退行性改变最早自20岁左右开始。颈椎管的大小与颈椎病的发生、发展及治疗方法的选择和预后有密切关系。正常人颈椎管前后径不应小于 12 mm，若小于 12 mm，则有可能产生颈椎管狭窄症状。发育性颈椎管狭窄患者常有连续 3 个节段均匀一致的椎管前后径在 12 mm 以下。

睡眠体位不良、工作姿势不当等慢性劳损是颈椎退行性改变最为主要的因素。头颈部外伤与颈椎病的发病和发展有直接关系。颈椎畸形和颅底畸形与颈椎病的发生也有重要关系。总之，颈椎病容易发生在颈椎管先天发育较小、后天继发退行性变及颈部损伤的患者身上。

合适的睡姿有利于预防颈椎。许多人睡眠时喜欢侧卧或伏卧，整夜地将头偏向一侧歪着睡，这是一个很不好的习惯，因为头偏向一侧，颈部扭曲，会使颈部、背部的肌肉以及颈椎韧带处于一种扭曲状态。长期如此，将会发生落枕症状，在年轻时还比较容易恢复，但到了中年就很容易发生颈椎病。所以，睡觉时一定要注意枕头要柔软，不可过高或过低，要经常调整，寻求最合适、最舒适的枕头高度和位置。头枕时需从头部枕到颈部，不要只枕头部而使颈部悬空，并注意颈肩部的保暖。通常以平卧为主，侧卧位时要注意经常翻身，最好不要歪着头俯卧。

很多人还有一个很坏的习惯，就是中午在课桌上伏案午睡，各种姿势都有，这些姿势会使颈背部肌肉、颈椎韧带等处于扭曲状态，这不仅容易引发颈部疼痛，而且还会使脑部相对缺氧，进一步加重头昏、头痛、耳鸣、恶心等不适，这是一个很不好的习惯，应尽量避免。

拓展学习

方法一：肩倒立。

仰卧，双手置于臀部下方，两腿上抬顺势向上举高，两手推起臀、腰背部，两手肘臂抵住地面，停留 1 min，每天可练习 3～5 次。

方法二：俯卧抬体。

俯卧在地面，双腿分开略宽于肩宽，两手抱头，肘关节打开；然后上体抬起，离地，再又放下。反复练习 20～30 次。

肩倒立

俯卧抬体

课题3 肩部梳理训练

肩关节是人体动作最多的一个关节,它能进行屈、伸、收、展、旋内、旋外等多种活动,是人体活动范围最大的关节。肩部的正确状态,应该是向体两侧平展开来,在胸廓的支撑下自然下垂。每个人自然条件不一样,有的肩偏宽,有的肩偏窄,这是无法改变的。我们要防止的是端肩、佝肩、斜肩等形体毛病。

肩部活动方式非常多,而且很容易。但我们往往不注意发挥这个部位生理上的特点,造成了肩部的凝滞,影响外部形象,又容易形成病灶,使肩部显得愚钝,失去了女子的灵秀感、男子的魁梧感,而且端肩、佝肩、斜肩还会影响一个人的风度。

1. 形体功效

有助于找到肩部自然平展在胸廓上端的感觉,从而克服端肩、佝肩、斜肩等形体毛病,提高肩关节灵活性,削减肩背部增厚的赘肉,有效防止"虎背"形成。

2. 韵律节奏

律动中速,共16个八拍,每四拍绕动一次。

3. 练习流程

准备姿势:站立,双脚分开同肩宽,两臂垂下,身体挺直。

第1~4个八拍:左肩向后绕环,经前、上、后、下方向绕动,同时带动手臂从前提起至体后落下,反复做8次,再换右肩练习。

第5~8个八拍:左肩向前绕环,反复做8次,再换右肩练习。

第9~16个八拍:和单肩绕环动作要领一样,双肩同时向后绕环,带动手臂从前提起至体后落下,反复做16次;然后双肩同时向前绕环16次。

准备姿势　　　　单肩向后(前)绕环　　　　双肩向后(前)绕环

 老师支招

肩部梳理的关键是最大幅度绕动肩膀。肩部活动时,动力出自肩关节这个部位,不要用臂去带动肩。保持躯干不晃动,幅度和力度都可以稍大一些,让肩关节充分伸展、转动。随着音乐节奏的进行,梳理训练会更容易完成。

常识点点通

什么样的体形才健美？

健美体形最基本的要求：首先是要健康，即体格健全、肌肉发达、发育正常；其次是身体各部位要符合美学中形体美的要求，即各部分的比例要匀称、和谐统一。具体可以概括为以下几点。

(1) 我国现代人体美的标准。我国体育美学权威人士综合古今中外一些美学家和艺术家对人体美的见解，根据中国人的实际情况，提出如下人体美标准。① 肌肉强健协调，富有弹性。人的身体共有 600 多块肌肉，约占体重的一半，它包裹在人体骨骼的外部，是构成人体外形轮廓的重要"外衣"。② 骨骼发育正常，关节无明显粗大、凸出，脊柱正视成直线，侧视具有正常的体形曲线，肩胛骨无翼状隆起和上翻的感觉。③ 五官端正，且与头部搭配协调，肌肉均匀、发达，皮下脂肪厚薄适当。④ 胸廓隆起，正面与背面略呈 V 形。男性胸廓宽，肌肉结实；女性乳房浑圆，丰满不下垂，侧视有明显曲线。⑤ 双肩对称、健壮，微显下削，无垂肩之感。⑥ 腰细而结实，微呈圆柱形，腹部扁平，男性有腹肌垒块隐现。臀部浑圆适度，球形上收。⑦ 腿部修长，线条柔和，小腿腓肠肌稍微凸出，足弓高，整体观望无粗笨、虚胖或过分纤细的感觉，重心平衡，比例协调。

(2) 身高与体重的比例标准。身高和体重是显示人体美的重要因素之一，也是评价身体发育、健康、营养和形体健美的重要指标。体重和身高都受遗传、种族、生活环境等因素的影响。体重和身高的比例能反映出一个民族的身体素质和健美情况，关于身高和体重的比例标准，可以由前面介绍的标准体重的测量公式来判定。根据身高和体重的比例关系，可以将人分为瘦小型、瘦高型、高大型、中等型、健壮型及肥胖型等。无论身材高大还是矮小，只要符合身高与体重比例者便是和谐的，就能给人以美感。

(3) 黄金比例标准。古希腊人认为：人的标准体形的各主要部分的比例应符合黄金分割律。黄金分割律也叫"黄金比"。据说是由古希腊哲学家毕达哥拉斯发现的。黄金分割律是一个奇妙的规律，只要符合这个分割率的物体和几何图形，都使人感到和谐、悦目。文艺复兴时期，人们热衷于研究人体，结果发现人体本身就是黄金分割的一个最杰出的样本。也就是说一个优美的人体的三个比例均应符合 0.618∶1 的比例关系：①以肚脐为分界点，上半身与下半身的比例；②人体直立，两手垂直，以手的中指指尖为分界点，下半身与上半身的比例；③肩宽与臀宽的平均数与从肩峰到臀底的距离之比，即躯干的宽与长之比。

 **拓展学习**

肩部清洁贴士

由于肩背部的皮肤较厚，循环代谢的能力弱，脂肪和废物就容易堆积，所以，皮肤清洁也是打造美肩的重要步骤，不能掉以轻心。因时制宜：不同季节的皮肤状况不尽相同，所以选用的清洁用品也要随着季节更换。皮肤清洁用品的选用要因时制宜、因人而异。

因人而异:选择合适的清洁用品,最重要就是根据自己的肤质特点选用,干性肌肤就适宜选用含棕榈油、橄榄油的滋润型清洁用品,油性肌肤适合控油型的清洁用品,而暗疮性肌肤可选用抑制暗疮消炎型的清洁用品,如果肌肤有小红疙瘩、发痒等现象,就有可能是螨虫引起的,应选择除螨型。

在夏天,肩颈部的肌肤经常外露,最容易受到各种感染。肌肤上的小红疙瘩、发痒等,都可能是螨虫引起的,所以防治螨虫也是美肩的必修课,可选用具有抑螨功能的护肤品,如除螨香皂、除螨沐浴露、除螨洁面乳等。除螨其实并不难,保持房间通风,勤洗衣勤晒被,及时更换空调滤网等,都是除螨的好办法。此外,还要注意个人卫生。

女孩子们往往都会特别注意面部的滋润保养,而肩颈部却往往被忽视了。其实,对于肩颈部的保养也要细致入微,一点都不能大意。

(1) 选择滋润型的沐浴用品,如含有棕榈油、橄榄油等天然滋养成分的沐浴液,这样在洗澡的同时就能滋润肌肤。

(2) 洗澡后及时滋润肌肤。最好在皮肤水分还未挥发之前,立即涂上润肤的护肤品,让皮肤表层多一层保护膜,锁住皮肤水分,皮肤就不再感觉干燥紧绷。

(3) 澡后补水。洗澡会令肌肤及身体内的水分流失,在澡后最好慢慢喝1~2杯温水,及时补充体内水分。

课题 4　手臂梳理训练

手臂和手腕是比较纤细的部分,大体上来说,上臂围(手肘至肩部最粗的部分)比颈围(下巴抬起颈部伸长的状态)细4.5 cm是最理想的。

1. 形体功效

灵活肩关节,防止并消除后背颈椎下端部位的僵滞,有助于手臂形态美,强健肩胛肌。

2. 韵律节奏

律动较快,共16个八拍,每两拍甩动一次。

3. 练习流程

第1~4个八拍:两臂侧平举,立掌,双手向前画小圆16次,再向后画圆16次。

立掌划小圆　→　双臂甩动　→　单臂甩动

第5～8个八拍:双臂伸直,以中指带动手臂贴着身体同时向后和向前大幅度甩动画圆,两拍甩动一次,各做8次。

第9～16个八拍:一手叉腰,另一手臂向后和向前大幅度甩动画圆,两拍甩动一次,各做8次;交换另一手臂甩动练习。

老师支招

画圆不用画得太大,用手臂的力量而非手掌甩动时,必须要保持"提"、"收"、"松"、"挺",脊椎向上牵引,头顶找天。甩动的幅度宁可小点也不要晃动身体,更不能伸头或挺肚子去凑合。

常识点点通

自我检测,你是哪类胖胳膊?

1. 检测方法

(1) 灯照法:举起胳膊,与躯干成90°,用强光手电筒从手臂外侧向内照,看手臂内侧是否透光。

(2) 捆绑法:用橡皮筋套在胳膊上数分钟,看是否出现深深的印痕。

(3) 敲击法:举起胳膊,与躯干成90°,用手指轻弹手臂下的肉,看是否呈波浪状抖动。

(4) 按压法:看手臂上的肉捏起来是否有硬度。

2. 结果判断

(1) 问题1与2的答案为"是",则为水肿型。

(2) 问题3的答案为"是",则为肥胖型。

(3) 问题4的答案为"是",则为肌肉型。

手臂类型分析与解决方案见表4。

表4 手臂类型分析与解决方案

类型	表现	原因	问题人群	解决方案	具体操作
水肿型	手臂内侧按下去没有弹性,经常会有肿胀感	长期姿势不佳、血液循环及代谢不通畅、淋巴堵塞造成	久坐一族和不爱运动的懒人	改善生活习惯,加速血液循环及代谢功能	排水食谱:玉米须茶 材料:玉米须一把,30°温水500 mL。 做法:将玉米须剥下后,洗净,或是直接去中药店购买。泡入约30°的温水中0.5 h,即可饮用
肥胖型	当你和人握手或挥手时,会感觉到手臂下小肉肉也轻轻甩动起来	手臂下的肌肉,是平时很少活动到的部分,就是天生丽质好身材的女生,也很难避免那里有松松的肉	不爱运动的懒人和肥胖者	长期坚持锻炼	运动法:双手撑于椅上,使臀部离开椅子。屈肘,但臀部不能碰椅子,然后手臂撑直,重复5～10次。 瘦六按摩法:单手掌用虎口由上而下按压手臂外侧,由下往上按压手臂内侧

续表

类型	表现	原因	问题人群	解决方案	具体操作
肌肉型	手臂上有一块块硬邦邦的肌肉,肌肉线条很明显	经常搬重东西,运动过度,或长期用力不当,压力过大,都有可能让肌肉变紧	长期神经紧绷的人和运动员	怎样让线条变得柔和,是需要解决的问题	线条修饰操:以双手拿小哑铃(或矿泉水瓶)向上举。先弯曲手肘,之后再将手肘伸直,重复8~12次

课题5 胸部梳理训练

走路时伛胸驼背、拖拖沓沓,会使自己失去青春朝气。由于形体问题是相互影响的,胸部不挺括又会影响到身体的其他相关部位,从而影响人的健康。挺胸抬头,不仅能让胸腔呼吸到更多新鲜空气,还能让身体"长高"。处于青春期的少女,由于羞怯心理和对美的意识尚未完全建立,再加上得不到正确的引导,往往不好意思挺起胸膛,这将会严重阻碍少女胸廓和胸部的发育,影响日后的形体美。

1. 形体功效

促进胸肌和胸廓的发育,健美胸膛,使青少年身姿挺拔,有效矫正不良体姿,强壮呼吸肌,提高呼吸机能。

2. 韵律节奏

律动中速,共12个八拍,每两拍一动。

3. 练习流程

准备动作:双脚开立同肩宽,身体挺直,两手抱头。

第1~4个八拍:一至二拍含胸低头,关肘;

三至四拍挺胸抬头,两肘打开。反复做8次。

第5~12个八拍:一至六拍双臂侧平举向后振臂扩胸三次;

七至八拍双手叉腰向后扩胸。反复做8次。

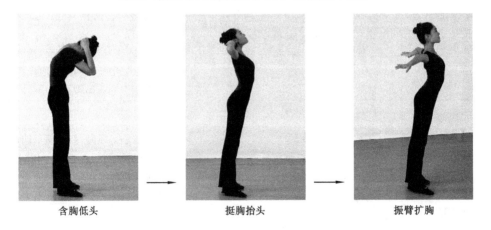

含胸低头　　　　　挺胸抬头　　　　　振臂扩胸

老师支招

含胸时呼气,扩胸时吸气不要太快,意念集中在胸腔。振臂扩胸时,手臂保持平举,不要低于肩膀的高度,可以略高于肩。

 常识点点通

呼吸系统与食疗

对人类来说,很少有一个动作能像呼吸那么重要,它是我们生存的最基本的条件。一个正常的人,一天需要呼吸 9 000 L 以上的空气,才能使生命延续。然而,在这些空气中,平均约有 200 亿颗外来物质微粒,其中包括灰尘、花粉、化学媒剂和细菌等。所有这些,都会严重危害到人类的健康。

呼吸系统由呼吸道和肺组成,其中呼吸道又包括鼻、喉、气管和支气管。除了负责吸入空气外,它还担负着过滤处理吸入的空气,保护肺免受外来有害物质侵袭的责任。为了能胜任这个任务,呼吸系统具备几种颇为有效的防御措施:位于这个防御系统最前端的,是许许多多"天然屏障",它们的任务是挡住外来微粒,阻止它们进入肺部。鼻腔就是其中之一,它的拱形鼻骨能产生旋转气流,使外来"入侵者"很难堂而皇之地进入呼吸道;扁桃体和腺体则能进一步地挡住外来微粒,摧毁有害物质;气管和支气管相连的黏膜具有分泌黏液的功能,一旦那些碎屑和微生物被粘住,纤毛就会将它们扫出呼吸道。可是,尽管我们如此壁垒森严,还是有一些"入侵者"会逃过监视乘虚而入。

研究证明,在空气的有害微粒中,最具危害的就是会致病的病毒和细菌,它们往往是导致人类多种疾病的罪魁祸首。然而,往往也是它们才有能力逃过道道防线,侵入人体。这个时候,呼吸系统中的免疫系统就变得十分重要了。在人体呼吸系统抗击细菌和病毒的战役中,免疫系统起着举足轻重的作用。溶菌霉是呼吸系统中的最佳免疫武器之一,在唾液、眼泪和黏液中都可以发现这种神秘的化学物质,它能够溶解细菌组织的细胞壁并将之摧毁。当一种外来物质被确认为有害物之后,免疫细胞就制造出特殊的抗体,四处搜寻并黏附在这有害物质的组织上,以便于其他的免疫细胞对它们进行清除和摧毁。如果以后有同种物质再次侵入人体,这些抗体马上能准确无误地认出它们并进行反击。另外,肺细胞的巨噬细胞是免疫系统的另一种极具威力的武器。它们在肺部呼吸系统最薄弱的组织中扮演着"清洁工"的角色,专门吞噬并毁灭呼吸系统中漏网的有害物质及坏死的肺细胞。我们的周围到处都弥漫着细菌和有害物质,尤其在学校、工厂等一些公共场所,这些物质更是无处不在,所以,我们必须时时刻刻提醒自己防范它们。然而,我们也常常会碰到这种情况:两个人同时暴露在相同的病毒下,但其中一个得了病,而另一个却没有任何反应。原因是这两个人的免疫协调功能的强弱不同。

当人体缺乏适当的营养和锻炼时,呼吸系统的免疫功能不能发挥正常的作用。例如,呼吸道过敏症,则是由于免疫细胞将一些物质,如花粉和动物皮屑视为大敌,当免疫系统采取一些措施将这些物质赶出呼吸道时,我们就会出现类似感冒一样的症状,如喉痛、咳嗽、打喷嚏、流鼻涕。呼吸系统的免疫功能可防止外界有害物质侵入人体。组成这一免疫系统的每个部门都发挥着不同的作用,它们有的在前线,有的在幕后,分别对人体健康作出重要的贡献。然而,在日常生活中,这个重要的系统常常因为得不到适当的营养而变得支离破碎,要想使我们呼吸系统强健起来,我们就必须有健康的饮食、充足的休息和一定的运动锻炼。

 常识点点通

女子胸部健美新方略

胸部是构成女子体形、体态美的一个重要部分。有了对称、丰满、大小适中和富有弹性的两胸,才能显示和表现女性的青春活力,突出女性特有的风韵。女子的两侧胸部是由胸廓、胸肌和乳房组成的,任何一部分不足或有发育缺陷,均会影响胸部的形态。青少年要重视体育活动,特别是要选择能促进呼吸循环和关节活动的项目来促进身体全面正常发育。

课题6 腰腹部梳理训练

腰腹部是人体承上继下的中间部位,腹部大小对人的整个体形、体态、轮廓、曲线都起着重要作用。赶快来实施这套梳理方案吧!

1. 形体功效

腹部区域是能量控制中心,强健此处肌肉能使你的上背部挺拔起来,削减腰围区域的多余赘肉,改善"沙包肚"的体态问题,增强肩膀和上背部的柔软度,提高腰部与髋部的柔软性。

2. 韵律节奏

选择律动感较强、节奏明快的乐曲。共16个八拍梳理动作,每四拍一动。

3. 练习流程

预备姿势:双脚开立,同肩宽,身体挺直,左手叉腰,右手上举,手(拳)心向外。

第1~8个八拍:向右侧屈体,右手屈肘下拉,然后还原成直立,反复做8次;换另一边,方向相反,动作相同,反复做8次。

第9~16个八拍:右手上举同时右腿屈膝侧抬,大腿高于90°,小腿抬起时保持与地面垂直,反复做8次;换另一边,方向相反,动作相同,反复做8次。

预备姿势

侧屈体

屈膝侧抬

常识点点通

腹部穴位速辨

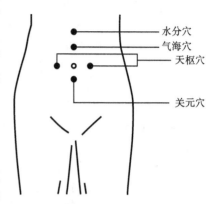

日常生活中,还有一个简易的按摩养生方法——揉肚子。将两只手的劳宫穴(即中指握拳以后指尖停留的地方)交叠,左手(女右手)贴在肚脐上,然后大面积地旋转按摩。这么做,可使人体全身的气血都运转起来。

1. 水分穴

位置:在肚脐以上大约1寸处,腹部正中线上,仰卧取穴。

穴位解剖:穴下为皮肤、皮下组织、腹白线、腹横筋膜、腹壁外脂肪、壁腹膜。浅层主要布有第9胸神经前支的前皮支和腹壁浅静脉的属支。深层有第9胸神经前支的分支。

功用:通调水道、理气止痛。按摩此穴有助于排除体内多余水分,避免水肿,并且可以帮助肠道蠕动,锻炼腹肌,避免小腹突出。

2. 气海穴

位置:位于体前正中线,脐下1寸半。经属任脉。击中后,冲击腹壁、动静脉和肋间,破气血淤,身体失灵。

功用:形体羸瘦、脏气衰惫、乏力等气虚病证;水谷不化、绕脐疼痛、腹泻、痢疾、便秘等肠腑病证;遗精、疝气;月经不调、痛经、闭经。按摩此穴能有效抑制食欲。

3. 关元穴

位置:人体关元穴位于下腹部,前正中线上,当脐中下3寸。

穴位解剖:在腹白线上,深部为小肠,有腹壁浅动、静脉分支及腹壁下动、静脉分支,布有第12肋间神经前皮支的内侧支。

功效:按摩此穴能帮助脂肪均匀分布。

4. 天枢穴

位置:肚脐左右两侧各向两旁大约2寸处。

穴位解剖:当腹直肌及其鞘处,有第9肋间动、静脉分支及腹壁下动、静脉分支,布有第9肋间神经分支(内部为小肠)。

功效:按摩此穴能帮助消化、排气,促进肠胃蠕动,有利于消除腹部突起。

 拓展学习

瘦身要靠好习惯

许多人都有过减肥的经历,试过了各种减肥法,可总是瘦不下来。其实瘦不下来的原因,并非是尝试的瘦身方法无效,而是你的生活习惯不好!例如,你尝试着减少食量,晚餐不吃任何食物,却又在睡前抵抗不了饥饿感,而吃了一堆夜宵,这样是永远也瘦不下来的,还不如晚餐正常地进食,再禁止夜宵来得有效。除了饮食习惯应该注意外,很多想要减肥的人忽略了日常的生活习惯,这样也是会影响到体态的。因此想要美体瘦身,就要在日常生活中培养好的生活习惯。

(1) 常缩小腹：小腹微突可能与平常总是弯腰驼背有关，要想拥有美好的体态，在平常要保持缩小腹的习惯，这样不仅能强健腹肌，腰腹也比较不易松弛。

(2) 端正站、坐姿：平常站立和坐着时，若没有保持正确的姿势，常常会造成骨架歪斜、驼背、小腹和臀部松弛等现象，影响整个体态的美感，站立和坐着的姿势可以使臀部及大腿保持紧张感，而且臀线也不易变形，更可防止O形腿的产生。

(3) 穿着合身：合身的穿着可以让你时时注意自己的身材变化，一旦有发福的现象，过紧的衣裤会马上为你发出警觉信号。

(4) 保持运动习惯：每周应该至少运动三次，而且每次运动都要在30 min以上，才真正能燃烧到脂肪。而且可以每周变换不同的运动，不管是游泳还是慢跑，保持新鲜感，可以让你保持运动的兴趣。

(5) 多喝水：大家都知道多喝水可以使肌肤水嫩透明，但别忘了，多喝水也有帮助减重的效果。只要你在饭前喝几杯水，让胃有饱足感，进餐时食量自然会减少。但要谢绝饮料，因为不管糖分多么低的饮料，热量也是很可观的。

(6) 三餐分量递减：三餐进食的热量，应该保持递减的状况，早餐的摄取最为丰富，午餐只要吃八分饱就可以了，至于晚餐的摄取，则以清淡为原则，而且晚餐后就不可以再进食了，尤其是不要吃夜宵。

(7) 定时排便：养成每日定时排便的习惯，这样能够让体内的毒素顺利排出。有时候毒素的累积，也正是体重迟迟不降的原因。

(8) 心态平衡：千万不要害怕承认自己肥胖的事实，勇于接受自己、喜欢自己，才能够拥有正确的瘦身心理，其他各种减肥尝试也才会成功。

课题7　腿部梳理训练

人的腿部有先天差异是显而易见的。有的修长，有的短粗；有的腿骨很直，线条流畅，有的显得弯一些；有的是O形腿、X形腿；还有的膝盖部分比较厚大，显得突出。这样就形成了不同的腿型。天生的骨骼问题，是不好解决的。骨头短的没有办法变长，骨头弯的也很难变直。针对这种情况，就要从腿部的整体感觉上想办法，使腿部与这个身体协调。

有不少人腿粗并不是天生的，而是因为后天缺少形体姿态方面的指导，慢慢地养成了不好的形体习惯所形成的。形体的感觉应从小就建立起来，这对成长也是很有益的。

1. 形体功效

此动作对削减臀部和大腿的脂肪很有作用，能增强腿、脚的力度和弹性，而且能作用于全身，使练习者获得真正的曲线美。

2. 韵律节奏

律动感强，选择流畅、轻快的配乐。

3. 练习流程

预备姿势：双脚并拢站立，身体挺直，双手叉腰。

第1~4个八拍：一拍左脚脚尖前点地，呈绷脚姿势。二拍左脚脚跟点地，呈勾脚姿势；三至八拍重复以上动作；交换一只脚练习，方向相反，动作相同。

第5~8个八拍：向前屈体成直角，双手撑住大腿，身体下压16次。

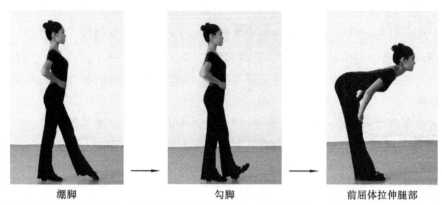

绷脚　　　　　　　　勾脚　　　　　　　　前屈体拉伸腿部

注意：单腿站立活动时，身体不要晃动，保持平衡和体态正确；屈体拉腿时，膝关节要始终挺直不弯曲，这样才能起到伸展、拉直双腿的效果。

 常识点点通

腿型知多少？

1. O形腿和X形腿的危害多

首先，O形腿和X形腿是形体美的重要杀手，在日益重视外在形体美的社会，不仅影响美观，而且还可能影响参军、工作。另外，超过5岁后，会引发很多并发症，有些并发症的后果还相当严重。由此可见，O形腿和X形腿的危害还是非常大的，有必要及早进行矫正。

美腿　　　　　　　　O形腿　　　　　　　　X形腿

2. 病因机理

O形腿或X形腿的病因非常复杂，导致腿型改变的原因非常多，其中最常见的是因缺乏维生素D而导致的佝偻病或骨软化病继发而来。病变多发生于胫骨，直立时，双下肢向外侧呈弧形凸出畸形，两足内踝部靠拢，两膝部之间不能并拢，有较大间距，类似"O"形，故称为O形腿，或直立时双下肢向外侧呈弧形凸出畸形，两膝部靠拢，两足部之间不能并拢，有较大间距，类似"X"形，故称为X形腿。本病多发于儿童及青少年。

3. 如何确定是否患了O形腿或X形腿

两足内踝部靠拢、双腿笔直站立时，如果双膝有缝隙，就算是O形腿。

两膝内侧部靠拢、双腿笔直站立时，如果双足有缝隙，就算是X形腿。

4. 判断O形腿和X形腿的程度

（1）判断O形腿的程度，主要根据常态膝距和主动膝距两个指标。所谓O形腿的常态膝距，指的是直立时两足踝部靠拢、双腿和膝关节放松时，双膝关节内侧的距离。所谓O形腿的主动膝距，指的是直立时两足踝部靠拢、腿部和膝关节向内用力并拢，双膝关节内侧的距离。

根据常态膝距和主动膝距的大小，O形腿分为Ⅰ度、Ⅱ度、Ⅲ度和Ⅳ度。

① 常态膝距在3 cm以下、主动膝距为0的属Ⅰ度。

② 常态膝距在3 cm以下、主动膝距大于0的属Ⅱ度。

③ 常态膝距在3～5 cm的属Ⅲ度。

④ 常态膝距大于5 cm的属Ⅳ度。

（2）判断X形腿的严重程度，对X形腿的治疗非常重要，因此，有必要先了解一下X形腿的判断标准。与O形腿相反，X形腿是指两足并立时，两侧膝关节碰在一起，而两足足跟则靠拢不了，走路出现两膝"打架"的步态。判断X形腿的程度，根据常态膝距和主动膝距两个指标。所谓X形腿的常态膝距，指的是直立双膝关节靠拢、双腿和膝关节放松时，两足踝部内侧的距离。所谓X形腿的主动膝距，指的是直立时双膝关节靠拢、腿部和膝关节向内用力并拢，两足踝部内侧的距离。

根据常态膝距和主动膝距的大小，X形腿分为Ⅰ度、Ⅱ度和Ⅲ度。

① 常态膝距在3 cm以下、主动膝距为0的属Ⅰ度。

② 常态膝距在3～6 cm、主动膝距大于0的属Ⅱ度。

③ 常态膝距大于6 cm的属Ⅲ度。

5. 解决方案

（1）利用腿部矫正带可以帮助矫正因不好的走路习惯而形成的难看的腿部曲线。

（2）平衡腿部肌肉，让腿部变成直线。

（3）矫正带配合矫正体操效果更佳。

（4）长时间使用效果更好，在看电视、学习、睡觉、休息时都可以使用。

 常识点点通

认识你的腿型

虽然大家都不喜欢"萝卜腿"，但完全没有小腿肚的"鸟仔腿"也不好看。要使小腿瘦得健康漂亮，就要先认识你的腿型。

油油腿：通常因全身都胖，小腿脂肪也跟着过多。因此，改变饮食习惯，多运动，身体瘦了，小腿也会跟着瘦。

肌肉腿：这种人通常不胖，小腿却结成一大块，且摸起来硬硬的。这是因为长期穿着太高的高跟鞋,或是常做爆发力强的运动所致。可穿低一点的鞋,多做较缓和的有氧运动,休息时、运动后一定要帮助肌肉伸展与舒缓,才能让腿肚线条柔和。

泡泡腿:这种腿型是水分代谢不良的浮肿所致。因此要常活动,少吃高盐、低温的饮食,多做强化肌肉的运动,渐渐地腿型就会改善。

 拓展学习

只要坐在家里动一动手,就能帮助你拥有美好的腿部线条的运动就是——按摩!

(1)消除大腿脂肪——坐在地上,施以按摩的腿弓起,双手虎口相对,放于大腿根部的两侧,拇指呈八字形,一齐用力向下,左右搓动按摩到膝盖部位,反复12次。

(2)消除大腿内、外侧赘肉——在椅子上,放松大腿,双手以画圈的方式从大腿根外侧揉到膝盖部位,再从膝部内侧揉到大腿根部,反复12次。

(3)收紧橘皮肉——将双手呈钳状,从膝盖外侧向上拿捏,一直到大腿根部,接着在大腿内侧从根部向下拿捏,一直到膝部内侧,反复12次。

以上方法配合高效瘦腿按摩霜效果更好。

· **训练检测** ·

被考评人:					
考评地点:					
考核项目	考核内容	分值	自评	小组评	实得分
完美体形梳理	1.颈部梳理展示	10			
	2.肩部梳理展示	10			
	3.手臂梳理展示	15			
	4.胸部梳理展示	15			
	5.腰腹部梳理展示	15			
	6.腿部梳理展示	15			
	7.体型测量值	20			
合　计					

 思考练习

1. 男子、女子形体美的形体各部位的比例标准是什么?
2. 简述形体训练重塑形体的原理。

任务 2 综合形体训练

【活动情景】

多媒体教室,形体训练教室。

【任务要求】

1. 了解瑜伽的起源、作用。
2. 熟练掌握瑜伽体式及练习方法。
3. 掌握内部气息调理方法,保持好的体态意识。

基本活动

课题 1 了解瑜伽

一、瑜伽简介

瑜伽这个词是从印度梵语 yoga 音译而来的,其含意为一致、结合或和谐。练习瑜伽的目的有两个,一是培养身体的自然美,并获得高水平的健康状况;二是唤醒休眠在人体内的巨大动力,并用其来开发人体自身独特的潜力,获得自我实现。瑜伽姿势运用古老且易于掌握的技巧,提高人们生理、心理、情感和精神方面的能力,是一种达到身体、心灵与精神和谐统一的运动形式。

近年在世界不同地方流行和大热的瑜伽,不只是一套流行或时髦的健身运动这么简单,它是一个集哲学、科学和艺术于一身的修炼方法。瑜伽的基础是建立在古印度哲学上的。古代的瑜伽信徒发展了瑜伽体系,因为他们深信通过运动身体和调控呼吸,可以控制心智和情感,以及保持健康的身体。

二、瑜伽的起源

在数千年前,在很久以前的印度,高僧们为追求进入"天人合一"的最高境界,经常僻居原始森林,静坐冥想。在长时间的简单的生活中,他们通过观察领悟了不少大自然法则,将生物的生存法则验证到人的身上,逐步地感应到了身体内部的微妙变化,于是懂得了和自己的身体对话,从而开始探索自己的身体,对身体进行健康的维护和调理,以及慢慢具备了医治疾病创痛的能力。几千年的钻研归纳下来,逐步衍化出了一套理论完整、确切实用的养身健身体系,这就是瑜伽。考古学家曾在印度河流域发掘到一件保存完好的陶器,上面描画着瑜伽人物做想时的形态,这件陶器距今至少已有五千年的历史了,可见瑜伽的历史可以追溯到更久远的年代。

再简单一点来说,瑜伽是生理上的动态运动及心灵上的练习。感官的集中点就是心意,能够驾驭心意,即代表能够驾驭感官。通过把感官、身体与有意识的呼吸配合,可以实现对身体的控制。这些技巧不但对肌肉和骨骼有益,还能强化神经系统、内分泌腺体和主要器官的功能,激发人体潜在能量。

★小故事花絮

在古印度高达 8000 m 的对母雪山的洞穴里住着几个得道高僧,他们终日漫游在喜马拉雅山南侧的茂密丛林中。他们模仿动物(如眼镜蛇、猫、鹿、蝗虫……)的动作编体操。据说基本姿势有 84 种,从中演化的姿势则变化万千,高僧给这套体操取名为瑜伽。瑜伽一词本意是驾驭牛马,后来被高僧们引申为结合、和谐之意。高僧们的意思是:我们都是动物,所以请不要拒绝自然。

三、瑜伽的作用

瑜伽包含伸展、力量、耐力和强化心肺功能等练习,有协调整个机体的功能,在学习如何使身体健康运作的同时也增加了身体的活力。几周内,就会觉得内心较以前平静,注意力较集中。几个月后,器官的变化会开始,如:外观与心态变得年轻,疾病抵抗力增强,视力与听力得到改善。

(1)坐姿。瑜伽训练中的坐姿包括如下三种。

① 前倾式。向前倾的坐姿不仅能安抚整个神经系统,还能使大脑镇定下来。对初学瑜伽的人来说,前倾式主要分为钻石式、束角式、跨骑式、单腿交换伸展式、射箭式、背部伸展式、牛面式、船式。

② 后仰式。后仰一般要求身体强而有力,而前俯则要求身体具备灵活性。同时,后仰还是加固和调养身体的很好方式,特别是对背部、腿部和臀部的肌肉。后仰式能增强脊椎的灵活性,帮助改善站姿和坐姿,并保持脊椎的弹性,伸展腹部区域,而且能在很大程度上帮助消化,因为它能调理在一般情况下比较弱的腹部肌肉和消化器官,还能扩展和打开胸部区域,增加肩膀的灵活性,从而帮助胸部更好地扩展,这些姿势能为深呼吸创造更好的条件,使呼吸系统也能受益。在身体保持后仰时,大脑也会进入平静状态。后仰式主要分为猫伸展式、眼镜蛇式、蝗虫式、弓式、鱼式、狗伸展式、桥式。

③ 脊椎弯曲式。脊椎弯曲式对排列各个脊椎骨的位置特别有用,它能有效地伸展腰部以上的脊椎;能够温柔地按摩腹部区域的内脏,并提供新鲜的血液滋养这些器官;还能扩胸,为更好地呼吸创造条件,特别是使用胸腔的呼吸;使神经系统的神经中枢重新焕发活力,这些神经中枢从脊椎一直延伸到身体外围。脊柱弯曲式主要分为脊椎扭曲式、坐扭曲式、新月式。

(2)站姿。良好的站姿对双腿是极为有利的,它能让全身都得到舒展。通过三角式、战士式、椅子式等瑜伽姿势,配合交替呼吸法的练习,能有效放松肌肉,消除水肿,并让腿部和脚踝变得纤细,对顺畅排泄有非常好的作用。适合经常站立工作者练习。站姿主要分为山式、蹲伏式、弯腰伸展式、侧面弯腰伸展式、战士第一式、战士第二式、三角伸展式、旋转三角式、侧三角伸展式。

(3)平衡姿势。平衡姿势是指通过平衡或均等地使用身体,使身体灵活移动、摆动的姿势,能使大脑宁静、安详,注意力集中。平衡姿势主要分为树式、战士第三式、半月式、鹰式、舞蹈式、平衡式、支架式、斜支架式、孔雀式、后仰支架式、乌鸦式、手倒立式。

(3)倒立姿势。倒立姿势是瑜伽训练中不可或缺的一部分,能通过各种各样的方式影响身体的机能,使整个机体重新充满活力。例如,它们能消除疲劳、缓解失眠、头痛、静脉曲张、消化疾病,以及过多的紧张情绪和焦虑。倒立姿势主要分为肩倒立式、犁式、蝎子式、头倒立式。

(5)放松姿势。有效动作在发挥最大能量时,往往就是最放松的时候。放松姿势主要分为仰卧放松式、卧英雄式、半身仰卧放松式。

四、瑜伽饮食习惯

瑜伽学者认为,食物同时具有调节生理和心理的作用。瑜伽将食物分为以下几种。

1. 刺激性食品

瑜伽中称为"变性食物",这种食物具有刺激性,并且有的含有咖啡因。例如,提炼过的糖、洋葱、大蒜、辣椒,以及具有强烈味道(如甜、酸、苦、辣、咸)的原料或作料。如果摄入过多刺激性食品,将刺激内分泌和神经系统,使大脑兴奋,从而与瑜伽的平静背道而驰。

2. 压抑性食品

瑜伽中指"惰性食物",此类食物扰乱身心安定,使人易怒,易妒,变得懒惰萎靡。这种食物具有一定的抑制作用,让我们丧失能量,毒害我们的身体系统。压抑性食品包括不新鲜的、没有味道的、腐烂或过熟的食品,如罐头,冷冻、经过加工或腐烂的食品,肉类和含酒精类饮料。

3. 健康食品

瑜伽中称为"悦性食物",即给身心带来纯净和愉悦,促进生长的食物。这种食物非常干净鲜活,如新鲜水果和蔬菜、坚果、种子、豆制品、粮食、奶制品和蜂蜜等。

课题 2 脊柱伸展瑜伽

训练活动一 脊柱伸展六式

1. 形体功效

这组瑜伽六式,能强化脊椎及颈部,收紧胸部两侧、腹部及腿部肌肉,减少腰和大腿多余的脂肪,增强身体平衡能力,增加胯部、肩膀和大腿的弹性,调理双腿肌肉,使之更强壮,舒缓神经系统,稳定情绪,强健性腺。

2. 练习流程

(1) 第一式:山站式。

① 两脚并拢站好,大脚趾微微分开,其余四趾平放于地面,头部放松,正向前方。

② 紧绷两膝,收紧大腿后侧及两髋的肌肉。

③ 挺胸收腹,伸直脊柱。

④ 不要将全身重量放于脚趾或脚跟,要平均地分配于整个脚底。

⑤ 双手于胸前合掌,保持呼吸均匀。

站立时应该将身体重量放于整个脚底,才能使脊柱获得更好的支撑。保持正确的站姿,能使身体更加轻盈,思维更加敏捷。如果长期以脚后跟站立,会使髋部变得难看,腰部突出,身体后仰,脊椎紧张,所以长时间就会感觉疲劳,思维变得迟钝,因此要掌握好正确的站姿。

山站式

(2) 第二式:擎天式。

① 在山站式的基础上,吸气,将双手合掌上举,双臂向上延伸。

② 抬头梗颈,脸朝上。

③ 挺胸,收腹,气息向下沉在小腹部,保持自然呼吸10~15 s。

④ 肚子不要向前腆出,两侧腰部充分展开,躯干垂直向上延伸。

擎天式对于改善体态有着极好的效果,对脊椎不直,错误站姿,腿部肌肉、关节无力,大腿、腹部肥胖,溜肩,窄胸这些形体问题也很有效果。

擎天式

(3) 第三式:折叠式。

① 在擎天式的基础上,呼气,身体向前、向下,使胸部尽量贴近腿部。

② 手指合掌触地,或者放在双脚两侧放松身体,保持自然呼吸10~15 s。

③ 放松腹部,感觉腹部尽量贴近腿部。

④ 吸气,起身,不要抬头,使后腰带动身体一节一节起身,最后慢慢抬头,使血液自然回流。

注意,每次起身不抬头,保持头部自然还原,以避免产生头部供血不足的现象。折叠式有利于改善脊柱僵硬,大脑疲劳,头晕和低血压,忧郁症,精力不集中等问题,还可伸展脊柱,增加双腿修长感。

（4）第四式：风吹树式。

① 双腿并拢或分开，与两肩同宽。

② 吸气，双臂向上伸直合掌，自然挺直脊柱。

③ 呼气，身体慢慢向右侧弯曲到最大限度，梗颈，低头，脚掌贴地，保持自然呼吸 10～15 s。

④ 吸气，还原。

⑤ 呼气，再慢慢弯向左侧。如此反复三次。

风吹过之后，树却愈发强健。人的身体也是这样的，常常向两侧弯曲脊椎，可以锻炼脊椎的韧性和弹性，脊椎也就更加强壮，对改善体态，纠正含胸驼背大有裨益。

折叠式

（5）第五式：变体式。

① 双脚稍分开站立。

② 吸气，左臂举至耳边，掌心朝右。

③ 呼气，向右弯腰。左臂和手指向外向下伸出，掌心朝下。右臂向下延伸，保持自然呼吸10～15 s。

④ 吸气，起身还原。

⑤ 呼气，放下左臂。

为了避免胸部凹陷，上半身不要前倾。要提升并拉长脊柱，收缩臀部，增强支撑力。吸气时伸展上臂，呼气时就加深侧弯。当身体由一侧向另一侧弯曲一定弧度时，要学会一气呵成，就像一株受暴风雨侵袭却未折断的树一样。假如在姿势中需要更多的支撑，可把下面的手放在髋部。脊柱向两边弯的动作，不但能驱走睡意，还能注入当日活动所需的体力。同时腰部的挤压和伸展能刺激消化系统，促进排泄，使人整天都感觉轻盈灵活、朝气蓬勃。屈右膝能进一步地加强侧弯。

风吹树式

（6）第六式：三角伸展式。

① 吸气，双腿分开一大步，右脚向右转 90°，此时髋关节不可扭转，应朝前伸展双臂至平衡于地面。

② 呼气，旁腰侧屈向右侧，右手放于近右腿处或地面上。

③ 向上伸展左臂，两臂呈直线状，目视右手指尖。

④ 保持这一体式，腹式呼吸保持 10～15 s。

⑤ 吸气，还原至起始姿态。

练习三角伸展式时，双脚宽度应保持在一大步的距离。手沿着下侧腿逐渐向下伸展至最大限度，使身体在一个平面上伸展，髋关节不可向内翻转。以上体式全部完成

变体式

后,闭上眼睛全身放松。

常识点点通

肌肉牵拉脊柱可引起人体身高的变化

在一昼夜内,通常人的身高都会发生变化,如早晨比晚上高出 1~3 cm,这种现象主要与人的脊柱有关,人的脊柱不是直挺挺的垂直柱子,而是由一块一块的椎骨骨间隙组成的,具有伸缩性和弹性。

清晨,肌肉得到充分的休息和放松,使脊柱伸直的肌肉群作用增强,使牵拉的脊柱伸直,这时人就会长高几厘米;晚上,肌肉群处于疲劳状态,无力牵拉脊柱,使脊柱的曲率增加,人就变矮了。实际上大部分人的脊柱包括躯干和骨盆都存在一定程度的异常弯曲,如果能采取正确的增高瑜伽姿势锻炼是可以伸展弯曲畸形的骨骼,从而起到一定的增高作用的。

三角伸展式

课题 3　力量组合瑜伽

1. 形体功效

力量组合瑜伽是一组锻炼性极强的瑜伽姿势。通过练习,可增强腿部、腰部、背部、手臂、肩膀的力量,使肌肉具有线条感。

2. 练习流程

(1) 第一式:转体式。

① 双腿开立,吸气,双臂侧平举,掌心朝下,双臂平行于地面。

② 呼气,头部、肩部转向右方,左手搭放在右肩上,右手绕过背后掌心朝外放于左侧腰背处,保持自然呼吸。

③ 再次呼气,头部、肩部进一步轻柔地转向右方至极限,眼睛尽量向后看,挺直腰背,双肩放松,保持均匀自然的呼吸。保持此姿势 10~15 s。

④ 吸气,然后伸直双臂呈一条直线;双臂带动身体缓慢回到正中。

左右转动身体时应保持耳朵与地面垂直,一定要转动到腰部有紧缩而背部伸展的感觉。此式能很好地放松脊柱和背部,纠正不良体态,使腰部和髋关节变得柔软。

转体式

(2) 第二式：直角式。

① 以山站式站好。

② 吸气时，双手十指在体前交叉，握拳。双臂自体前高举过头顶，夹紧双耳，挺胸抬头向上看。

③ 呼气，以腰骶为轴，自腰椎至颈椎一节节下压。抬头，目视前方，背部尽量不要隆起。

④ 在保持姿势的过程中，请注意呼吸保持正常，身体和双腿构成一个直角，保持此姿势 5～10 s。吸气时，双臂夹紧双耳，带动上半身自颈椎依次向下缓慢起身。恢复山站式。

经常练习这个姿势会自动形成挺胸、收腹、双肩打开、骨盆中立、双腿笔直的良好体态。双腿的肌肉、上背部的肌群也将在这个姿势中得到强化，同时，对于长期站立或者俯案工作的人们，它也有很好的舒缓紧张压力的作用。

直角式

(3) 第三式：勇士式。

① 从山站式开始，然后双腿前后大大分开。

② 吸气，双手向上合掌，大拇指相扣，呼气，慢慢弯曲右腿膝盖，向下压肩膀和后背，尽量使右小腿垂直于地面。

③ 左腿绷紧，臀部收缩，自然呼吸保持 10～15 s。吸气，右腿伸直，呼气，两臂放下。换成左腿做同样的练习。

勇士式

课题 4　增高助长体操

科学的体育锻炼有助于增长身高，这个结论已得到普遍的认同。下面介绍一套国内外流行的增高体操，供师生锻炼时参考。

第一节：直立，两足分开，手臂依次上伸，腰部挺直，尽量伸展整个身体，重点在脊柱和上、下肢，特别是脊背。反复进行 3 min。

练习时，身体不要晃动，最关键的是伸展髋部、侧腰肌、背部、肩部、手臂这些部位，力量都要集中在这些部位。

第二节：两腿直立，分开同肩宽，上体向右或左侧屈，拉动侧腰肌，尽量将腰部伸展，左右拉动反复进行 3 min。

男生不妨提高难度，双手各持一个重约 5 kg 的哑铃来

直立伸展

进行,持续练习的时间一定要足够。女生在月经期间不要做这一节。

第三节:双腿并拢,双手抓住小腿,然后尽可能地向前屈体,尽量把背部、腰部伸长,腹部、胸部、头部靠近腿部,反复进行 3 min。

上体向右侧屈

双手抓小腿屈体

第四节:跪立支撑,两手间距同肩宽,两腿分开同臀宽,低头、含胸,肩部向上伸展,提腰,拱背,接着抬头、挺胸,向下沉腰。重点在背部伸长和脊椎的活动。反复进行 3 min。

跪立支撑——拱背

跪立支撑——抬头、挺胸、沉腰

身体不要紧张,放松、柔和地来完成这个动作,能使脊柱得到极佳的按摩。

第五节:单腿跪立支撑,一腿向后伸直,腿部外旋,脚尖点地,然后伸直腿向后上方踢起,反复后踢腿。各做 50 次。重心在手腿之间。

单腿跪立支撑

任务3 塑型训练

【活动情景】

器械训练房。

【任务要求】

1. 了解肢体各个部位的健美标准。
2. 掌握上肢、胸部、躯干、下肢塑型的修饰方法。
3. 进行形体改造。

 基本活动

课题1 上肢躯干塑型训练

一、肩部塑型与修饰

肩部三角肌呈底向上、尖向下的三角形,分前、中、后三部分:前部的机能是使上臂弯曲和内旋,中部的机能使上臂外展,后部的机能使上臂伸直和外旋,三部分肌肉同时收缩则使上臂外展。斜方肌位于颈部和背部皮下,一侧呈三角形,左右两侧相合呈斜方形,故名斜方肌。它是控制肩胛骨活动的肌肉,其发达后可预防驼背。与肩部有联系的还有冈上肌、冈下肌、小圆肌、大圆肌等肌肉。下面介绍锻炼肩部肌肉的动作。

训练活动一 哑铃前平举

起始姿势:两脚开立,两手手背朝前,双手握哑铃置于腿前。

练习流程:挺胸收腹,先以一臂直臂持铃经体前举起至头部前上方,然后落下,在此臂下落的同时,另一臂举起,如此交替上举。上举时吸气,下落时呼气。此动作主要是锻炼前三角肌,锻炼时意念应集中于三角肌前部。

注意,身体不得前倾后仰,应始终保持直臂、挺胸、紧腰

哑铃前平举

姿势。握铃不必很紧，以铃不掉为原则，否则，在三角肌锻炼强度不足时，前臂肌群可能已经很酸胀。此动作也可换成杠铃前平举，即双手持杠铃直臂举起，至比眼高的位置后再放下重做。

训练活动二　哑铃侧平举

起始姿势：两脚开立，两手拳眼朝前，手握哑铃置于体侧，挺胸收腹。

练习流程：两臂直臂握铃，侧平举至与肩平，稍停，再直臂握铃循原路线下落至体侧。上举时吸气，下落时呼气。此动作主要是锻炼侧三角肌，锻炼时意念应集中于三角肌中束。

哑铃侧平举

训练活动三　提铃耸肩

起始姿势：两脚开立，手背朝前，持杠铃置于腿前。

练习流程：以肩部斜方肌的收缩力，使两肩尽量向两耳耸起，稍停，然后放松肩部肌肉，两臂回至起始姿势。耸肩时吸气，放松时呼气。此动作主要是锻炼斜方肌，锻炼时意念应集中于斜方肌。

只能用耸肩的力量使杠铃上升，两臂的作用是固定杠铃，不使其落下，不得屈肘将杠铃提起，否则达不到锻炼斜方肌的目的。

训练活动四　前臂肌群训练

手腕卷曲运动是对前臂能起到最直接锻炼效果的运动。

起始姿势：坐着或站立，双手握一较轻的杠铃或各手握一哑铃，前臂放在大腿上，手掌伸在膝盖外。

提铃耸肩

练习流程：靠手掌及手腕做卷曲的运动，运动的范围尽量扩大。此动作手掌可向上，亦可改为向下，两者可交换连续做，对于前臂与手腕的肌力有比较好的训练效果，每节做三回，每回10～15次。

训练活动五　哑铃弯举

起始姿势：两脚开立同肩宽，两臂自然下垂，两手掌心朝前持哑铃。

练习流程：轮流或同时屈肘，将哑铃弯举至胸前，肱二头肌绷紧，腕部朝大拇指方向扭转，稍停，用肱二头肌的力量控制住哑铃，循原路线缓缓放下。弯起时吸气，放下时呼气，意念应集中于肱二头肌。

身体不得前后晃动。屈臂弯起过程中，上臂应紧贴体

哑铃弯举

侧；下落时，臂部一定要完全伸直，待肱二头肌充分伸展后，再做下一次动作。若不等臂部完全伸直就又接着弯举，时间一长，将导致肌腱缩短，肌肉发僵，臂部可能总伸不直。

训练活动六　坐姿弯举

起始姿势：坐姿，上身稍前倾，一手掌心朝上持杠铃，自然下垂于两腿间，持铃臂靠在同侧大腿上，另一手按于另侧大腿上。

练习流程：屈臂将杠铃弯举至肩前，肱二头肌绷紧，手腕朝大拇指方向扭转，稍停，再以肱二头肌控制住哑铃，缓缓下落至两腿间。在杠铃弯举和放下时，持铃臂始终紧靠同侧大腿，弯起时吸气，放下时呼气。锻炼时意念应集中于肱二头肌。

前臂肌群训练

弯举

放下

持铃臂下落时，臂部一定要完全伸直，待肱二头肌充分伸展后再做下一动作。

训练活动七　臂屈伸

起始姿势：两手正握或反握杠铃或两手合握一个杠铃。将其高举过顶后，屈肘，让前臂向后下垂。全身直立或坐在凳上。

直立握铃

屈肘

练习流程：两上臂贴近两耳，保持竖直，不摇动。收缩三头肌，逐渐伸展肘关节，把前臂向上挺伸，直到臂部完全伸直，三头肌彻底收紧。静止1 s，再屈肘，让前臂徐徐下垂到开始位置，使三头肌尽量伸展。挺伸前臂时吸气，屈降时呼气。

挺伸前臂时切勿摆动上臂。

训练活动八　俯身臂屈伸

起始姿势：向前屈体，单手握杠铃，另一手撑开或一手扶膝后腿上，让握铃的上臂贴靠身侧，与上体平行。屈肘，让前臂自然下垂。

练习流程：上体和上臂保持不动，收缩三头肌，把前臂向后上方挺伸，直到臂部完全伸直，同时彻底收缩三头肌。静止1 s，再屈肘，让前臂缓缓下垂到起始位置。挺伸前臂时吸气，下垂时呼气。

二、胸肌塑型与修饰

胸部肌肉的力量性锻炼可增强心肺功能、矫正含胸等不良姿势，扩大胸廓。胸部肌肉主要包括胸大肌、胸小肌和肋间肌。本项锻炼可以徒手，也可以利用器械进行。

胸部肌肉的丰满结实，是青春健美的标志之一。饱满的胸部肌肉，使男子显得强壮魁梧，更显男子的阳刚之气。健美的胸部从体前观，胸部隆起，从背后观，肩背部是平坦的。女子肌组织力量薄弱，锻炼应该由轻到重分段完成。

训练活动九　伏地支撑

起始姿势：俯身，两手撑地与肩同宽，双臂伸直，两足踝并拢，足尖用力撑地，头稍抬起，眼向前视，挺胸，收腹，使身体保持挺直。

练习流程：两臂从伸直姿势逐渐弯曲。屈肘，身体缓缓下移并保持与地面平行，稍停片刻后，胸大肌收缩，双臂同时用力，撑直，将身体撑起，还原成起始姿势。上述动作重复10次左右。

俯身

伏地支撑

在练习流程中始终保持挺胸、收腹、身体挺直，避免沉肩、耸肩、缩胸、弓腰或提臀等不正确的姿势。锻炼到一定程度后，可采用两足垫高俯卧撑、负重俯卧撑（在背上放些重物）、窄撑或宽撑（特意将两手支撑距离变窄或增宽），以及手指支撑等动作，以增加难度，获得更好的锻炼效果。

训练活动十　飞鸟运动

起始姿势：仰卧于与肩同宽的一条矮脚长凳上（家庭可用3个方凳纵拼替代），两腿屈膝，两脚分开，踏稳地面，两臂伸直，双手持杠铃上举，拳心相对。

练习流程：两臂同时自上向身体两侧缓缓落下，尽可能做扩胸运动。稍停片刻后，收缩胸大肌及臂部肌肉，使杠铃自两侧循原路缓缓抬举至胸前，还原成起始姿势，吸气扩胸，呼气还原，意念集中于胸部。上述动作重复20次左右。飞鸟运动除了可以以仰卧位进行外，还可以以站立姿势及斜板位（斜板倾斜角30°~60°）进行。

平卧时胸腔挺起，腰背肌收紧，两臂下落时用胸大肌控制，使缓慢落下。下降后胸大肌充分伸展，上举还原时速度较下落稍快，臂垂直后胸大肌仍保持收缩。

训练活动十一　仰卧后举

起始姿势：仰卧于矮脚长凳上，双腿屈膝，两脚分开，踏稳地面，两臂伸直，两手握杠铃于腿侧。

练习流程：左侧上肢直臂用力将杠铃经上方向头后举起，当杠铃在头后比身体略低时再慢慢还原放回体侧。左右交替。以上动作重复20次。此动作还可以站立姿势进行。

练习时腰背部肌肉收紧，用胸大肌力量控制下放速度。上拉稍快，下放均匀慢速。杠铃重量不宜过大。

训练活动十二　杠铃锻炼

起始姿势：仰卧于矮脚长凳上，双腿屈膝，两脚分开，平踏于地面上。让同伴或家人将杠铃抬至胸前，两手拳眼相对，横握杠铃。

练习流程：腰腹肌肉收缩，吸气使胸部上挺，同时胸肌收缩，双臂伸拳，将杠铃推起直至肘关节伸直，稍停片刻，屈臂将杠铃缓缓放回胸前，臂屈肩松，使胸大肌充分伸展放松。上述动作重复10次。此项锻炼除平卧位外，还可采用斜卧位进行。上斜卧位发展胸大肌上部肌肉，下斜卧位发展胸大肌下部肌肉。握横杠的方式又分窄握、中握和宽握。窄握发展胸肌高度，宽握拉宽胸大肌。

练习时身体要躺平稳，杠铃下降时要慢，避免发生意外，胸大肌力量发挥要充分，不要借力。

课题2　下肢躯干塑型训练

训练活动一　平躺卷腹

平躺卷腹是单一的腹直肌练习，可使腹部肌肉得到全面锻炼，消耗腹部多余脂肪。

练习流程：仰卧，双膝自然弯曲，下颌微收，慢慢收紧腹直肌。以腹部力量将肩部抬起，该动作只要求肩胛骨离开和回到地面，下腰部始终不离开地面。卷起时呼气，还原时吸气。注意腰椎不要离开地面，背中部和上部离开即可，过大地收下颌，过分地颈部屈伸都会损伤颈部。在适当的角度固定头部进行锻炼，肌肉会酸痛，但不会令颈部受伤。

仰卧

平躺卷腹

训练活动二 对角卷腹

对角卷腹可练习腹腰部肌肉及腹斜肌。

练习流程：仰卧于平面上，双腿弯曲，手放在耳部（或右手放于耳部，左手放于腹部）。保持腰部固定，以一侧肘与另一侧膝相对靠近的姿势进行卷腹练习。这个动作要保持身体平衡，注意不要移动盆骨。练习的次数和幅度因人而异。

仰卧

对角卷腹

训练活动三 泳式挺身

泳式挺身可锻炼腰部、背下部、臀部肌肉，属于较高水平的腰部练习。

练习流程：俯卧，伸展身体，双腿和双臂向四周充分伸展。拉长脊骨，伸展手脚，提起胸部，手脚同时离地。让腹部和臀部收紧，保持颈部、脊柱成一条直线。始终保持腰部收紧。

泳式挺身

训练活动四 仰卧举腿

仰卧举腿可锻炼腹直肌、髂腰肌、股直肌。

练习流程:仰卧于平面上,如果在床上,可用两手抓住头上方床沿,或两臂按住身体两侧床面,两腿同时(或单腿轮流)直膝向上举起,停留片刻后缓慢回落。举腿时快,回落时稍慢。下落时吸气,提腿时呼气,在收紧腹部肌肉时完成腿部动作。

仰卧举腿

训练活动五　仰卧挺髋

仰卧挺髋主要作用于腹横肌,同时对腹直肌、臀部、大腿肌肉、背肌也能起到一定锻炼作用。

练习流程:仰卧,脚掌平置,屈膝,双脚间距与盆骨同宽。以腹部的力量提起身体,直至臀部与膝盖、肩膀成一条直线,呼气,缓慢下落,回到起始位置。动作要柔和连贯,不要靠爆发力及惯性完成。

仰卧挺髋

· 训练检测 ·

被考评人:					
考评地点:					
考核项目	考核内容	分值	自评	小组评	实得分
综合形体训练	1.脊柱伸展瑜伽	25			
	2.力量组合瑜伽	25			
	3.增高助长操	25			
	4.减脂塑型	25			
合　计					

**项目小结**

本项目阐述了形体标准测量方法,形体重塑和体操增高的基本原理和训练方法,介绍了肢体各个部位的梳理方法和技能活动,瑜伽核心姿势的训练方法,助长增高体操的方法和活动,肌肉线条的塑造方法。

项目三

提炼礼仪修养

项目描述

每个人都离不开人际交往,现在我们主要交往的对象是学校的老师、同学以及亲朋好友,当我们从学校毕业进入社会,人际交往的对象相对现在要复杂很多。如果我们能拥有优雅的仪态、亲切的表情、得体的举止,就一定能成为别人眼中一道亮丽的风景线。因为从我们身上透露出来的良好礼仪修养,会让我们的魅力指数直线上升,进而赢得更多的欣赏和被接受的机会,为我们创造出意想不到的有形和无形的财富。

学习目标

在拥有较好形体条件的基础上,学会使用符合社交标准的礼仪规范,掌握其训练方法,完成从"知礼"到"用礼"的飞跃,提升自己的礼仪修养。

能力目标

通过学习获得符合职业要求的礼仪标准。

任务1 礼仪概述

【活动情景】

多媒体教室。

【任务要求】

1. 了解礼仪的概念和作用以及礼仪的一般要求。
2. 通过了解礼仪的相关知识,具备一定的礼仪意识,为以后的学习奠定基础。

 基本活动

课题1 礼仪的含义与作用

礼仪是指人们在社会交往中由于受历史传统、风俗习惯、宗教信仰、时代潮流等因素而形成,既为人们所认同,又为人们所遵守,以建立和谐关系为目的的各种符合交往要求的行为准则和规范的总和。总而言之,礼仪就是人们在社会交往活动中应共同遵守的行为规范和准则。

从个人修养的角度来看,礼仪可以说是一个人内在修养和素质的外在表现。

从交际的角度来看,礼仪可以说是人际交往中适用的一种艺术、一种交际方式或交际方法,是人际交往中约定俗成的示人以尊重、友好的习惯做法。

从传播的角度来看,礼仪可以说是在人际交往中进行相互沟通的技巧。

崇尚礼仪,是中华民族的优良传统,也是现代公民必备的基本素质和精神追求。学习实践礼仪,要注意以下几方面。一要注重道德修养。礼仪是人的内在道德修养的外在表现。只有修于内,方能行于外。缺乏道德修养,不可能真诚自觉、表里如一地体现礼仪要求。作为一个现代公民,要自觉树立社会主义荣辱观,加强爱国、敬业、诚信、友善等道德规范修养,不断提高自身的道德素质,把公民基本道德规范融入日常工作、学习和生活之中,努力做一个讲道德、重礼仪的现代文明人。二要注重实践养成。礼仪是知与行的统一。自觉、系统地学习礼仪、知晓礼仪,是践行礼仪、养成文明行为习惯的基础。礼仪无处不在、无时不有,践行礼仪不可能一蹴而就,必须立足日常、注重细节,时时习礼、处处用礼,坚持不懈、持之以恒,日积月累。三要注重行为示范。在社会交往中,个人礼仪行为在客观上起着积极的示范作用,其言行举止、仪容仪表生动具体地传播着文明礼仪规范,潜移默化地引导和带动身边的人学礼用礼。现代社会的每一个公民,都要强化礼仪意识,人人争当传递文明的使者,共同塑造热情好客、文明礼貌的良好形象。

一、礼仪的含义

"礼仪"是"礼"和"仪"两个词的合成词,对它的认识是多层次的,而组成这个词组的两个词的含义又非常丰富,主要包括礼、礼貌、礼节、礼宾、礼俗、礼制等几个方面,它们之间既有联系又有区别,共同构成了礼仪系统。

如果说传统意义上的礼是一种涵盖一切制度、法律和道德的社会行为规范的话,今天的所谓的礼则仅仅是对礼貌和相关活动的礼仪形式而言的。

1. 礼貌

礼貌是指人们在交往过程中相互表示敬意和友好的行为准则和精神风貌,是一个人在待人接物时的外在行为表现,它是通过语言、仪表、仪容及举止等来体现的,它反映了时代的风尚与道德水准,体现了人们的文化层次和文明程度。

礼貌可以分为礼貌行为和礼貌语言两个部分。礼貌行为是一种无声的语言,如微笑、点头、鞠躬、握手、鼓掌、拥抱、欠身等。礼貌语言是一种有声的行动,如敬语、谦语、雅语以及语调、语气等。在交往过程中讲究礼貌,不仅有助于建立相互尊重和友好合作的关系,而且能够调节公共场所的人际关系,避免摩擦、减少冲突、缓解矛盾。

2. 礼节

礼节是指人们在人际交往和日常生活中,相互表示尊重、友好、问候、致意、祝愿以及给予必要的协助与照料的惯用形式。礼节是礼貌的具体表现,没有礼节就没有礼貌,有了礼貌,就必然要通过具体的礼节表现出来。因此,礼节具有形式化的特点,主要指日常生活中的个体礼貌行为。世界上不同的民族就有不同的礼节,而且礼节还随着时代的进步而发生改变。

3. 仪式

仪式是指为了表示尊重和友好,为了一定目的在一定场合举行的具有一定规范化程序的正式的礼节形式。如:外宾来访时的迎宾仪式;签订合同时的签字仪式;获奖时的颁奖典礼;还有备受世人瞩目的奥运会、亚运会、世界杯、世博会的开幕式、闭幕式等。仪式是表达礼貌、礼节的形式,是礼仪的主要组成部分。

4. 礼仪

礼仪是指人们在社会交往活动中形成的,为表示尊重、敬意、友好,在仪表、仪态、仪式、仪容、言谈举止等方面约定俗成,被人们共同认可、共同遵循的行为准则或规范。从广义的角度看,它泛指人们在社会交往中的行为规范和交际艺术。从狭义上理解,通常是指在较大或隆重的正式场合,为表示尊重、敬意、友好等所举行的合乎社交规范和道德规范的仪式,涉及穿着、交往、沟通、情商等内容。礼仪可以大致分为政务礼仪、商务礼仪、服务礼仪、社交礼仪、涉外礼仪等五大分支。但所谓的五大分支是相对而言的,因为礼仪是门综合性的学科。各分支礼仪内容都是相互交融的。

礼仪的含义可以从以下三个方面理解:一是讲究礼仪的目的是为了实现社会交往的各方相互尊重,实现人际关系的和谐;二是人们约定俗成的习俗、习惯和规矩等,表现为一定的"章法";三是被人们共同认可、共同遵循,在社会交往中能得到人们普遍承认、接受并自觉遵守的行为规范。

二、礼仪的作用

现代社会中,礼仪无时不在、无处不有,渗透于日常生活的方方面面,发挥着越来越重要的作用。

1. 塑造高尚人格的途径

礼仪是一个国家、一个民族、一个单位的文明程度、社会风尚和道德水准的重要标志,也是一个人的思想觉悟、文化修养、精神风貌的主要标志。这是因为,礼仪对人的要求包括表、里两个方面,它既要求一个人要有与人为善的道德观念,又要求有优雅得体的言行举止。因此,受过良好礼仪教育或注重礼仪修养的人,就会表现高尚的人格魅力。

2. 追求事业成功的手段

有的礼仪形式看似简单,只不过是一个微笑,一声道谢,一个举手之劳,但这些不起眼的表现,却可能成为我们立身处世的法宝。

通过学习礼仪知识,可以提高自身的道德修养,更好地显示自身的优雅风度和良好的形象。礼仪教育是培养造就成功人士的重要内容,其作用是其他教育不可替代的。

3. 打开交际大门的钥匙

一个人如果能懂得并且能运用不同场合的礼仪知识,就能够更容易地与交际对象打成一片,使对方感受到亲切、自然,感受到理解和尊重,从而使自己更容易被接纳和接近。礼仪本身作为人际关系的一把特殊钥匙,能够较轻易地打开各种交际活动的大门。

4. 联系人际关系的纽带

人际关系是人们通过交际活动而形成的交际者之间直接的心理关系。人际关系和谐离不开一定的情感因素,而这一情感因素的最好表达形式就是一种符合规范的礼仪。比如,子女上学前向父母打个招呼,同事上班见面热情地问个好,这种看似细小的礼节形式,却能像一条美丽的纽带,把自己同交际对方紧密地联系在一起,形成人际关系人性化的美丽风景线。礼仪在交流中的重要性越来越突出,因为只有讲究礼仪,共同以礼仪来规范彼此的交际活动,才能更好地表达对对方的尊重,增进相互间的了解。如果不讲究礼仪,即使心里再尊重对方,想得到对方的好感,也不一定会给对方留下好的印象。因为人与人之间的相互观察和了解,一般都是从礼仪开始的,因此必须遵守礼仪的规则。同时,人们常常有意无意地由他人对礼仪的履行程度,以及自己所感受到的礼遇来分析和判断其中折射的对方的心态、情感和意向,而后产生一定的情绪、体验,从而增加好感,或者产生排斥,心生不快。讲究礼仪,可以唤起人们的沟通欲望,建立好感和信任,进而形成和谐、良好的人际关系,促进交际的成功。

在现代生活中,人际关系错综复杂,有时会突然发生冲突,甚至会采取极端行为。礼仪有利于促使冲突各方保持冷静,缓解已经激化的矛盾,使人与人之间的情感得以沟通,建立相互尊重、彼此信任、友好合作的关系,进而有利于各项事业的发展。

5. 良好社会秩序的基石

人是社会动物,需要团体生活。所以,在社会生活中,必须有正常的社会秩序。可以说,社会的良好运行与稳定,社会秩序的井然有序,人际关系的协调融洽,家庭邻里的和睦安宁,都少不了人们共同对礼仪遵守。每个人都应自觉遵守礼仪规范,并逐步养成良好的道德习惯,从而形成一种十分强大的道德力量,保证社会正常的生产和生活秩序。

在社会生活中,礼仪约束着人们的态度和动机,规范着人们的行为方式,协调着人与人之间的关系,维护着社会的正常秩序,在社会交往中发挥着巨大的作用。

礼仪以一种道德习俗的方式发挥着维护社会正常秩序的教育作用。人们通过对礼仪的学习和应用,建立新型的人际关系,从而在交往中严于律己、宽以待人,互尊互敬、互谦互让,讲文明、懂礼貌,和睦相处,形成良好的社会风尚。

6. 社会发展的助力器

在现代社会中,人们常常把礼仪看做一个民族、一个企业的精神面貌和凝聚力的体现。学习礼仪,遵守礼仪,可以净化社会风气,提升个人、企业、社会的精神品味,展示良好形象,促进沟通和相互尊重,推动精神文明建设,促进社会和谐与发展。在人际交往中,自觉地遵守礼仪规范,可以使交往双方的感情得到沟通,在向对方表示尊重、敬意的过程中,获得对方的理解和尊重。人们在交往时以礼相待,有助于人们之间互相尊重,建立友好合作的关系,缓和或者避免不必要的矛盾和冲突。

 思考练习

1. 何谓礼仪?
2. 礼仪的作用表现在哪些方面?

任务 2　基本仪态礼仪

【活动情景】

　　设置落地镜的形体训练室,女士带跟皮鞋,男士皮鞋,各式椅子、凳子。

【任务要求】

　　1. 了解基本仪态礼仪的内容与规范要求。
　　2. 掌握正确站姿、行姿、坐姿、蹲姿等体姿礼仪。
　　3. 掌握练习方法,自矫错误,直至形成习惯。

【技能训练】

　　1. 练习标准站姿、稳健行姿、优雅的坐姿、得体蹲姿。
　　2. 情景模拟:到某企业应聘工作。

基本活动

课题 1　标准站姿的方法与训练

　　站立姿势,又称站姿或立姿,它是人们平时所采用的一种静态身体造型,同时又是其他动态身体造型的基础和起点。

　　在人际交往中,站姿是一个人的全部仪态的根本之点。如果站姿不够标准,其他姿势便谈不上优美、典雅。站立是生活中最基本的一种举止。正确健美的站姿给人以挺拔笔直、舒展俊美、精力充沛、积极进取、充满自信的感觉。但是,站立时如果歪脖、斜腰、屈腿,尤其是撅臀、挺腹,就会让人觉得轻浮,没有规矩,不懂教养。

一、基本要求

　　"站如松"说的就是在站立时要做到像松树一样的挺拔,具体要领是:两脚脚跟靠拢,脚尖相距 15～20 cm,两腿尽量靠拢,中间不留缝隙,收腹、立腰、提臀,两肩下沉稍向后扩,两臂自然下垂,脖子的轴线与地面垂直,并且与背部在同一平面上,头正目平,下颌微收,面带微笑。这样的站姿是充分自信的表现,并能给人以气宇轩昂、心情愉快的印象。男子在站立时,要注意表现出男性刚健、潇洒、英武、强壮的风采,要力求给人以一种"劲"的壮美感。女子在站立时,则要注意表现出女性轻盈、妩媚、娴静、典雅的韵味,要努力给人以一种"静"的优美感。

二、站姿方法

1. 侧放式

两脚呈 V 形或并拢,两膝绷直并紧,挺胸抬头,收腹立腰,双臂自然下垂,下颌微收,双目平视。

侧放式(正面)

侧放式(侧面)

2. 握手式

男子左脚向左横迈一小步,两脚张开,两脚尖与脚跟的距离相等,两脚之间距离以小于肩宽为宜,双手在腹前交叉,右手大拇指与其余四指分开搭在左手腕部,身体重心放在两脚上,腰背挺直,注意不要挺腹或后仰。

握手式(男)

握手式(女)

女子站成左丁字步,即两脚尖稍稍展开,左脚在前,将左脚跟靠于右脚内侧前端,腿绷直并紧,腰背立直,两手在腹前交叉,右手握左手的手指部分,使左手四指不外露,左右手大拇指内收于手心处。

3. 后背式

两脚跟并拢,两脚尖展开60°左右,腿绷直,腰背直立,两手在身后交叉,右手搭左手腕部或握住手指,两手手心向上收。

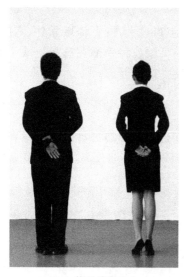

体后单背式

体后单背式手部细节

4. 体后单背式

站成左丁字步,即左脚跟靠于右脚内侧中间位置,使两脚尖展开呈60°,身体重心放在两脚上,左手后背半握拳,右手自然下垂。另外也可站成右丁字步,即右脚跟靠于左脚内侧中间位置,使两脚尖展开60°,右手后背半握拳,左手自然下垂。

5. 体前单屈臂式

右脚内侧贴于左脚跟处(右丁字步),两脚尖展开60°,左手臂自然下垂,右臂肘关节弯曲,右前臂抬至中腹部,右手心向里,手指自然弯曲。另外,也可以左脚内侧贴于右脚跟处(左丁字步),两脚尖展开60°,右手臂自然下垂,左臂肘关节弯曲,左前臂抬至中腹部,左手心向里,手指自然弯曲,重心放在两脚上。

对于这五种站姿,可根据具体场景选择适合的站姿。如需经常用手递送物品,就可采用侧放式、握手式或体前单屈臂式的站姿,这样可方便及时用手为服务对象服务。

三、交往运用

在日常生活的某些场合,常常有人站立时会感到手足无措,双手不知放在何处,这时可以根据场合进行具体调整。

(1) 同别人站着交谈时,如果空着手,可采用握手式站姿,将右手放在左手上。若身上背着背包,可利用背包摆出优雅的站姿。

(2) 向长辈、朋友、同事问候或做介绍时,不论握手或鞠躬,双足应当并立,膝盖绷直。

（3）等车或等人时，双足可并拢或分开约一肩宽，脚尖稍分开，肌肉自然放松，并保持身体挺直。

总之，站立的姿势应该是自然、轻松、优美的，不论站立时摆何种姿势，脚的姿势及角度和手的位置可以变化，但身体一定要保持正直。

（4）在日常交往中，除特别亲密的关系外，一般应站在距离交往对象 1 m 左右的位置，并且让对方看到自己身体正面的 3/4 左右，这样才能表示出对交往对象的尊重。

四、禁忌

站着与人交谈时，切忌身体歪斜，两腿分开距离过大，或者倚墙靠柱、弯腰驼背、左右摇晃、歪头斜脖，也不可以双臂交叉，更不能两手叉腰或将手插在裤袋里或下意识地做小动作，如摆弄打火机、香烟盒、玩弄衣带、发辫、咬手指甲等。

 老师支招

想要保持优雅的体态，最重要的是随时检查自己的姿态。可以每天站在能照到自己全身的镜子前调整，此外，利用街头橱窗来随时随地检查自己的姿态也非常有效。不仅是姿态，如果能养成每天确认自己服装、表情等习惯会更好。

 案例

1962 年，周总理到西郊机场为西哈努克亲王和夫人送行。亲王的飞机刚一起飞，我国参加欢送的人群便自行散开，准备返回，而周总理这时却依然笔直地站在原地，并要求工作人员立即把那些离去的同志请回来。这次总理发了脾气，他严厉地批评道："你们怎么搞的，没有一点礼貌！各国外交使节还站在那里，飞机还没有飞远，你们倒先走了。大国这样对小国客人不是搞大国主义吗？"当天下午，周总理就把外交部礼宾司和国务院机关事务管理局的负责同志找去，要他们立即在《礼宾工作条例》上加上一条，即今后到机场为贵宾送行，须等到飞机起飞，绕场一周，双翼摆动三次表示谢意后，送行者方可离开。

训练活动一　站姿练习

（1）九点靠墙法：即后脑、两肩、两臀、两小腿、两脚跟九点紧靠墙面，并由下往上逐步确认姿势要领。难度提升：将脚跟提起，半脚尖站立。

（2）夹纸顶书法：在两膝盖之间夹一张单层纸，提升腿部线条，同时在头顶上平放一

九点靠墙法

夹纸顶书法

本书,保持书的平衡,以检测是否做到头正、颈直。在原地按标准站姿持续站立,此过程中纸和书不能落下。

训练活动二　站姿礼仪组合

练习流程如下。

第1个八拍:侧放式。

第2个八拍:握手式。

第3个八拍:丁字步站立(女);一至四拍后背式站立,五至八拍开立(男)。

第4个八拍:一至二拍侧放式站立;

　　　　　　三至四拍右脚向左前上步,脚尖内扣,身体向左转90°;

　　　　　　五至六拍左丁字步(女),双脚并立(男);

　　　　　　七至八拍头右转45°。

第5～7个八拍:动作同第1～3个八拍。

第8个八拍:动作同第4个八拍,但方向相反,还原成面对前方。

第9～16个八拍:动作同第1～8个八拍,但方向相反。

 老师支招

(1) 练习时要保持亲切自然的表情。

(2) 采用侧放式站姿时,双手要自然下垂。

(3) 采用握手式站姿时,双手应轻置腹前,不要太用力,以免表现不自然。

(4) 集中意念找"拔"的感觉,除肩顺地心引力的方向用力外,身体其他部分都要与地心引力对抗。

(5) 给自己自信的心理暗示,会有意想不到的效果。

· 训练检测 ·

被考评人:						
考评地点:						
考核项目	考核内容		分值	自评	小组评	实得分
站姿	1. 不同站姿的展示	侧放式	10			
		握手式	10			
		后背式	10			
		体前单屈臂式	10			
		体后单背式	10			
	2. 靠墙、顶书站立训练效果(持续3 min)		10			
	3. 站姿礼仪组合技能展示		40			
合　计						

课题 2　端庄坐姿的方法与训练

坐姿从根本上看,也应当算是一种静态的姿势。不论是工作还是休息,坐姿都是你经常采用的姿势之一。文雅的坐姿,不仅给人以沉着、稳重、冷静的感觉,而且也是展现自己气质和风度的重要形式。

一、基本要求

正确的坐姿要求是"坐如钟",即坐姿要像钟一样端正,而且要文雅自如。入座时,轻而缓,走到座位前转身,右脚后退半步,左脚跟上,然后轻稳坐下。女子入座时,要用手把裙子拢一下,应坐在椅子的 2/3 处。坐下后,上身正直,头正目平,嘴唇微闭,面带微笑,两手相交放在腿上。两腿自然弯曲,小腿与地面基本垂直,两脚平落地面,两膝之间男子以松开一拳为宜,女子则不分开为好。离座时,右脚向后收半步,而后站起。落座后至少 10 min 左右时间不要靠椅背。时间久了,可轻靠椅背。

1. 入座时的要求

(1) 在别人之后入座。出于礼貌,和客人一起入座或同时入座时,要分清尊卑,先请对方入座,自己不要抢先入座。

(2) 从座位左侧入座。如果条件允许,最好从座椅的左侧入座,这样做不仅是一种礼貌,而且也比较容易。

(3) 向周围的人致意。就座时,如果附近坐着熟人,应该主动跟对方打招呼。即使不认识,也应该先点点头。在公共场合,如果想坐在别人身旁,必须征得对方的允许,还要放轻动作,不要使座椅乱响。

(4) 以背部接近座椅。在别人面前就座,最好背对着自己的座椅,这样就不至于背对着对方。得体的做法是:先侧身走近座椅,背对着站立,右腿后退一点,以小腿确认一下座椅的位置,然后随势坐下。必要时,用一只手扶着座椅的把手。

(5) 入座后除了要注意头部端正,躯干直立外,更应注意手臂位置适当。一是双手可各自放在一条大腿上,也可双手相叠放在两条大腿上,还可双手相握后放在两条大腿上。二是双手相叠或相握放在一条大腿上。三是放在皮包或文件上。四是放在身前的桌子上。双手可扶在桌子边沿,也可相叠或相握放在桌子上。五是放在身旁扶手上。

女士入座尤要娴雅、文静、柔美,两腿并拢,双脚同时向左或向右放,两手叠放于左右腿上。如长时间端坐可将两腿交叉重叠,但要注意上面的腿向回收,脚尖向下,以给人高贵、大方之感。

2. 离座时的要求

(1) 事先说明。要离开座椅时,身边如果有人在座,应该用语言或动作向对方先示意,随后再站起身来。

(2) 注意先后。如果和别人同时离座,要注意起身的先后次序。地位低于对方时,应该稍后离座。地位高于对方时,可以首先离座。双方地位平等时,可以同时起身离座。

（3）起身缓慢。起身离座时，最好动作轻缓，不要"拖泥带水"，切忌弄响座椅，或将椅垫、椅罩掉在地上。

（4）从左侧离开。如果有可能，起身后从左侧离座。和"左入"一样，"左出"也是一种礼节。

二、坐姿方法

1. 标准式

男女适用。标准式是最基本的坐姿，适用于最正规的场合。要求：上身挺直，双肩平正，两臂自然弯曲，两手交叉叠放在两腿中部或扶手上，并靠近小腹，两膝、两脚并拢，小腿垂直于地面。

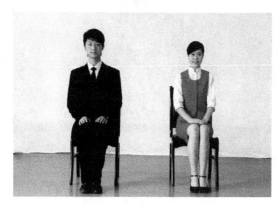

标准式

2. 前交叉式

男女皆有。要求：在前伸式基础上，左脚后缩，与右脚交叉，两踝关节重叠，两脚尖着地。女子两膝间距离应比男子小。

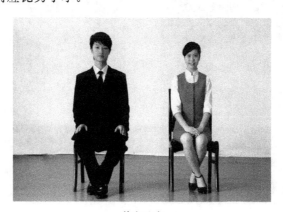

前交叉式

3. 垂腿开膝式

多为男士所采用，也较为正规，能显男士自然洒脱之美。要求：上身与大腿、大腿与小腿皆成直角，小腿垂直地面。双膝分开，但不得超过肩宽。

4. 屈直式

男女适用。要求：以右屈直式为例，右脚前伸，左小腿屈回，大腿靠紧，两脚前脚掌着地，并在一条直线上。

垂腿开膝式

屈直式

侧点式

5. 侧点式

女士专用。要求：以左侧点式为例，两小腿向左斜出，两膝并拢，右脚跟靠拢左脚内侧，右脚掌着地，左脚尖着地，头和身躯向左斜。注意大腿与小腿要成90°，小腿伸直，显示小腿长度。侧点式适用于穿裙子的女士在较低处就座时使用。

重叠式（男）

重叠式（女）

6. 重叠式

男女皆有。重叠式也称为"二郎腿"或"标准式架腿"等。要求：在侧点式基础上，一腿侧伸，一条腿提起，腿窝落在另一腿膝上。在上的腿向里收，两小腿重合，脚尖向下。

7. 叠腿侧放式

叠腿侧放式适合穿短裙子的女士采用，造型极为优雅，有一种大方高贵之感。要求：将双腿一上一下完全地交叠在一起，交叠后的两腿之间没有任何缝隙，犹如一条直线。双腿斜放于左侧或右侧，斜放后的腿部与地面呈45°角，叠放在上的脚尖垂向地面。

三、交往运用

1. 谈话时的坐姿

男士和女士在就座时，双手不要叉腰或交叉在胸前，不要摆弄手中的茶杯或将手中的东西不停地晃动，也不要不时地拉衣服、整头发或抠鼻子、掏耳朵等。谈话时应根据交谈者的方位，将上体双膝侧转向交谈者，最好将双手置于自己所侧一方的大腿上，上身仍保持挺直，不要出现自卑、恭维、讨好的姿态。讲究礼仪要尊重对方但不能失去自尊。男士、女士需要侧坐时，应当将上身与腿同时

叠腿侧放式

转向同一侧，但头部始终向着前方。作为女士，坐姿还要根据椅子的高低以及有无扶手和靠背来选择，两手、两腿、两脚还可有多种摆法，但两腿叉开或呈四字形的叠腿方式是很不合适的。

2. 在餐厅就餐时的坐姿

最得体的入座方式是从左侧入座。就座后，坐姿应端正，上身可以轻靠椅背，不要用手托腮或将双臂肘部放在桌上，不要频频离席或挪动座椅。用餐时，上臂和背部要靠到椅背，腹部和桌子保持约一个拳头的距离。两脚交叉的坐姿最好避免。

3. 穿牛仔裤的坐姿

首先侧坐，用一只脚支撑身体的重量，另一只脚的足踝靠在这只脚的脚尖上。也可以采取盘坐的方式，两脚交叉盘坐，脚尖朝上，两手自然地摆在膝盖上。如果坐沙发，就可不必太拘束，顺其自然地坐着，保持优雅的坐姿即可。就座后，坐姿应端正但不僵硬。

4. 座位高低不同时的坐姿

较低座位：轻轻坐下，臀部后面距座椅背约2 cm，背部靠座椅靠背。如果穿高跟鞋坐在较低座位上，膝盖会高出腰部，应当并拢两腿，使膝盖平行靠紧，然后将膝盖偏向谈话者，偏的角度应根据座位高低来定，但以大腿和上半身构成直角为标准。

较高的座位：上身仍然要正直，可以跷大腿。方法是将左腿微向右倾，右大腿放在左大腿上，脚尖朝向地面，切忌右脚尖朝天。

座位不高也不低：两脚收向后方，让大腿和上半身成90°以上角度，双膝并拢，再把右脚从左脚外侧伸出，两脚外侧相靠，这样不但雅观，而且显得文静而优美。

当穿短裙的女士面对他人就座时，可将自己随身携带的皮包或文件放在并拢的大腿上，以避免"走光"。随后可将双手扶、叠或握后置于皮包或文件上。

四、禁忌

坐姿中腿的不当表现有如下几种。

（1）双腿叉开过大。无论是男士还是女士，不论大腿叉开还是小腿叉开过大，都非常不雅。特别是身着裙装的女士就更不要忽略这一点了。

（2）架腿方式欠妥，坐后将双腿架在一起。正确的方式应当是两条大腿相架，并且一定使两腿并拢。如果把一条小腿架在另一条大腿上，两者之间还留出很大的空隙，就显得有些不妥了。

（3）双腿直伸出去。那样既不雅，也妨碍他人。身前如果有桌子，双腿尽量不要伸向桌子前方。

（4）将腿放在桌椅上。有人为图舒服，喜欢把腿架在高处，甚至抬到身前的桌子或椅子上，这样的行为是非常粗野的。如果还把腿盘在座椅上就更不妥当了。

（5）腿部抖动摇晃。坐在别人面前，反复抖动或摇晃自己的腿，不仅会让人心烦意乱，而且也给人以极不稳重的印象。

坐姿中脚的不当表现有如下几种。

（1）脚尖指向他人。不管具体采用哪一种坐姿，都不应将脚尖指向他人，这种做法是非常失礼的。

（2）脚尖高高翘起。坐下后最好不要以脚跟接触地面，将脚尖翘起。如若双脚都这样，则更加不雅观。

（3）脚蹬踏他物。坐下后脚要放在地上，如果用脚在别处乱蹬乱踩，那是非常失礼的。

坐姿中手的不当表现有如下几种。

（1）手触摸脚部。在就座以后用手抚摸小腿或脚部是极不卫生且不雅观的。

（2）双手抱在腿上。双手抱腿，本是一种惬意、放松的休息姿势，但在正式场合或公共场合是不可取的。

（3）将手夹在两腿间。有人坐下来之后，习惯将双手夹在两腿之间，这一动作既不雅观，也让人觉得此人胆怯或害羞。

（4）肘部支于桌上。用双肘支在前面的桌上或上身伏在桌上，会显得对周围的人不够礼貌。

（5）坐下后拉拽衣裙，那样会显得很不优雅。

训练活动一　坐姿感知练习

练习流程：采用示范讲解练习，并分解动作，如将坐姿分解为入座、坐、离座等几个步骤。

 老师支招

入座前右脚后退半步是为了确认椅子的位置，动作应轻柔。入座时切忌弓腰、驼背、低头，只有髋关节、膝关节和肘关节能够弯曲。

训练活动二　坐姿礼仪小组合

练习流程如下。

准备姿势：握手式立于椅子左前方。

第1个八拍：一至二拍前行步；

三拍走到椅子前转身；

四拍并腿，丁字步或成并立站姿；

五至八拍握手式站姿。

第2个八拍：一至二拍右脚后退半步；

三至四拍女捋裙入座；

五至六拍入座完成；

七至八拍调整成标准式。

第3个八拍：标准式。

第4个八拍：左前交叉式。

第5个八拍：左曲直式。

第6个八拍：右前交叉式。

第7个八拍：右曲直式。

第8个八拍：左重叠式。

第9个八拍：还原成标准式。

第10个八拍：右重叠式。

第11个八拍：还原成标准式。

第12个八拍：左侧点式（女），垂腿开膝式（男）。

第13个八拍：还原成标准式。

第14个八拍：右侧点式（女），垂腿开膝式（男）。

第15个八拍：还原成标准式。

第16个八拍：左侧叠腿侧放式。

第17个八拍：还原成标准式。

第18个八拍：右侧叠腿侧放式。

第19个八拍：还原成标准式。

第20个八拍：一至二拍右脚后收半步；

三至四拍离座；

五至八拍握手式站姿。

 老师支招

（1）女士入座时捋裙子的动作应流畅大方，以此来增加女性的柔美。

（2）不同坐姿之间的连接应轻而缓，以给人稳重得体的感觉。

（3）女士在侧点式和叠腿侧放式坐姿中身体可适当转向异侧，突显女性线条。

（4）采取统一练习、分组练习和个别练习多种方法，并及时纠正或点评。也可采取同学之间互评、分组竞赛的方式练习。训练时融入与训练节奏一致的音乐，以便更好地表现仪态美。

训练活动三 情景模拟

1. 商务会谈

场景:商务会谈。

人物:谈话双方。

道具:桌椅数张,布置成会谈场所。

情景模拟练习要求:① 具体情节由练习学生把握,要求切合实际;② 得体运用各种坐姿礼仪;③ 分小组分角色进行演练。

2. 就餐

场景:商务用餐。

人物:男女双方。

道具:桌椅数张,布置成用餐场所(圆形桌、长条桌)。

情景模拟练习要求:① 具体情节由学生把握,要求切合实际;② 得体运用各种坐姿礼仪。

3. 分小组分角色进行演练

· 训练检测 ·

被考评人:					
考评地点:					
考核项目	考核内容	分值	自评	小组评	实得分
坐姿	1. 坐姿基本动作要领的展示	25			
	2. 脚的摆放方式(至少四种)	25			
	3. 坐姿礼仪组合技能展示	25			
	4. 情景模拟展示	25			
	合　计				

课题3　稳健行姿的方法与训练

行姿是一种动态的身体造型,它能展现对身体的自如控制,在感观上表现出一种律动的美,从而在人际交往中加分。

一、基本要求

正确的行姿要求是"行如风",即走起来要像风一样轻盈,步履从容稳健,上身正直不动,两肩相平不摇摆,两臂自然摆动,两脚直而不僵,步幅适中均匀,两脚落在一条线上。

男士行走:两脚跟交替行进在一条直线上,两脚尖稍向外展,步履雄健有力,不慌不

忙，展现英武刚健的阳刚之美。

女士行走：两脚要踏在一条直线上，称为"一字步"，步履轻盈优雅，步伐适中，不快不慢，展现温柔、矫健的阴柔之美。

行走时，男士不要左右晃肩，女士髋部不要左右摆动，着高跟鞋时应注意保持身体平衡，以免摔跤。男女同行时，由于女士步幅较小，男士步幅较大，男士应适当调整步幅，尽量与女士同步行走。除此之外，不要左顾右盼、左摇右摆、大甩手，也不要弯腰驼背、歪肩晃膀、步履蹒跚，双腿不要过于弯曲、走路不成直线，更不要走"内八字"或"外八字"。

二、行姿方法

（1）前行步。起步时，上身略向前倾，身体重心落在前脚掌上。行走时，双肩平稳，目光平视，下颌微收，面带微笑。手臂伸直放松，手指自然弯曲。摆动时，以肩关节为轴，上臂带动前臂，前后自然摆动，摆幅以30°～35°为宜。步幅适当，一般应该是前脚的脚后跟与后脚的脚尖相距一脚长。跨出的步子应是全脚掌着地，膝和脚腕不僵直，行走足迹在一条直线上。行走速度一般是男士每分钟108～110步，女士每分钟118～120步。

（2）后退步。与人告别时，不能扭头就走。应先向后退三步，再转身离去。退步时脚轻擦地面，不要高抬小腿，后退步幅要小。转体时要身先转，头稍后一些转。

（3）引导步。引导步是用于走在前边给宾客带路的步态。引宾时，要尽量走在宾客的左侧前方，整个身体半转向宾客方向，左肩稍前，右肩稍后，与宾客保持两三步的距离。遇到上下楼梯、拐弯、进门时，要伸出左手示意，提示客人先上等。

（4）前行转身步。在前行中要拐弯时，要在距所转方向远侧的一脚落地后，立即以该脚掌为轴，转过全身，然后迈出另一脚。向左拐时，要右脚在前时转身，向右拐时，要左脚在前时转身。

走路时，两臂前后摆动的幅度应该在30°～40°，步频与呼吸相协调，如两步一呼，两步一吸。如此一来，步态就会美得动人、帅得吸引人。

三、交往运用

（1）在与人交往时，要根据交往对象的年龄、身份适当调整自己的步幅、步频，与对方相协调,以此来表示对对方的尊重。

(2) 所穿服饰不同,步态应有所区别。一般来说,直线条服装具有舒展、庄重、大方、矫健的特点,而以曲线条为主的服装则显得妩媚、柔美、优雅、飘逸。走姿要展现服装的特点。

(3) 穿着西装行走时,应当走出穿着者挺拔、优雅的风度,后背保持平、正,两脚立直,步幅可略大些,手臂放松,伸直摆动,手势简洁大方。行走时男士不要晃动,女士不要左右摆髋。

(4) 穿平底鞋行走时,可以比较自然、随便、轻松、大方。前行时脚跟先落地,力度要均匀,步幅约一个半脚长。由于穿平底鞋不受拘束,所以应当注意防止过分随意。如步幅时大时小,速度时快时慢,容易给人松懈的印象。

(5) 穿高跟鞋行走时,步幅一定要小,约一个脚长,脚跟先着地,两脚要落在一条直线上。行进时一定要保持上体良好的挺拔度,保持挺胸、收腹、向上的姿态。避免前倾,特别要防止用屈膝的方法来保持平衡,那样行姿不但不挺拔,反而因屈膝、撅臀而显得笨拙、不雅。

(6) 穿旗袍行走时,要求身体挺拔,胸微含,下颌微收,不要塌腰撅臀。步幅不宜过大。两脚跟前后要走在一条线上,脚尖略微外开,两手臂在体侧自然摆动,幅度也不宜过大。站立时,一般采用握手式站姿。

(7) 穿裙装行走时,要平稳,步幅可稍大些。转动时,要注意头和身体相协调,调整头、胸、髋三轴的角度。穿着长裙,应显出女性身材的修长和飘逸美。穿着短裙,则要表现女性的轻盈、敏捷、活泼、洒脱,步幅不宜过大,但脚步频率可以稍快些,保持轻快灵巧的风格。

四、禁忌

不雅的走姿:肚子腆起,身体后仰;脚尖出去方向不正,呈明显的"外八字"或"内八字";脚迈大跨步,身子上下摆动,像鸭子一样;双手左右横着摆动,像小学生走"一二一";手臂、腿部僵直或身子死板僵硬;只摆动小臂;不抬脚,蹭着地走;耷拉眼皮或低着头走;在工作场合,手插在口袋、双臂相抱或倒背双手;不因场地而及时调整脚步的轻重缓急,把地板蹬得咚咚作响。这些不雅的行姿都会破坏走路的韵律感、平衡感,使走姿变得不协调、不对称、不一致。

训练活动一 步态练习

1. 点地行进

作用:保证迈步时脚的方向正确及仪态标准。

第1个八拍:一至二拍左脚体前每拍点地一次,两手叉腰;
　　　　　　三至四拍重心前移至左腿,身体保持直立;
　　　　　　五至八拍动作同一至四拍,但方向相反。

第2个八拍:一拍左脚体前点地一次,两手叉腰;
　　　　　　二拍左脚体后点地一次;
　　　　　　三至四拍左腿前迈,重心前移至左腿;

五至八拍动作同一至四拍,但方向相反。

2. 弓步行进

作用:有效地提升行进中重心的稳定控制能力。

第1个八拍:一至四拍左腿向前迈一大步成弓步,两手叉腰;

　　　　　　五至八拍重心向前移至左腿直膝,右脚体后点地。

第2个八拍:同第1个八拍,但方向相反。

第3个八拍:一至四拍左腿向后撤步,重心随之向后,屈膝成后弓步,两手叉腰,上体保持直立;

　　　　　　五至八拍左腿直膝,右脚体前点地。

第4个八拍:同第3个八拍,但方向相反。

第5个八拍:一至二拍左腿向左横跨一步,屈膝成侧弓步,上体保持直立,两手叉腰;

　　　　　　三至四拍重心向右移,同时左腿直膝,右脚体侧点地;

　　　　　　五至八拍右腿并于左腿,直立。

第6个八拍:同第5个八拍。可以连续进行若干拍后再反方向连续做。

注意,无论是向前、向侧还是向后移动重心,都应注意保持身体的稳定控制、上体提升的感觉。

3. 提膝行进

作用:保证迈步时脚的正确方向及标准仪态。

第1个八拍:一至四拍左腿屈膝前举,身体保持正直,两手叉腰;

　　　　　　五至八拍左腿落地重心前移,右腿体后点地。

第2个八拍:同第1个八拍,但方向相反。

注意,落地时注意脚部外开。

4. 前举腿行进

作用:有效地提升行进中重心的稳定控制能力。

第1个八拍:一至四拍左腿提踵,右腿前举离地15～20 cm,上体保持直立、挺拔,两手叉腰;

　　　　　　五至八拍右腿落地,重心前移,左腿体后点地。

第2个八拍:同第1个八拍,但方向相反。

应注意保持身体的稳定控制、上体提升的感觉,移动重心时要平稳过渡。

5. 足尖行进

作用:对举止、风度、体韵都起着重要的作用。

第1个八拍:一至二拍左脚向前迈一步,两臂体前弧形下举;

　　　　　　三至四拍右脚向前迈一步,两臂前举;

　　　　　　五至六拍左脚向前迈一步,两臂侧平举;

　　　　　　七至八拍右脚向前迈一步,两臂下落至前下举。

第2个八拍:同第1个八拍,重复练习。

练习时踝关节充分提起,脚跟向内夹紧不向外翻。

6. 并步行进

作用:向规范步姿的过渡。

第1个八拍:一至二拍左腿向前迈一步,两手叉腰;

　　　　　三至四拍右腿并于左腿后;

　　　　　五至六拍右腿向前迈一步;

　　　　　七至八拍左腿并于右腿后。

第2个八拍:同第1个八拍,重复练习。

注意,前迈步和后跟步都应轻而稳。

训练活动二　行走感知练习

(1) 摆臂训练:身体直立,以肩为轴,双臂前后自然摆动。注意,摆动的幅度要适度,纠正过于僵硬、双臂左右摆动等毛病。

(2) 步位步幅训练:在地上划一条直线,行走时检查自己的步位和步幅是否正确,纠正"外八字"、"内八字"及步幅过大或过小等毛病。

(3) 稳定性训练:女士穿高跟鞋时将书本放在头顶中心,保持行走时头正、颈直、目不斜视。

(4) 协调性训练:配以节奏感较强的音乐,行走时注意掌握好速度、步幅,保持身体平衡,双臂摆动对称,动作协调。

(5) 前行步、平行步、一字步、后退步、引导步、前行转身步的训练。

采取统一练习、分组练习和个别练习等多种方法,并及时纠正或点评。也可采取同学之间互评、分组竞赛的方式练习。

训练活动三　行姿礼仪小组合

练习流程如下。

第1个八拍:前行步。

第2个八拍:一至二拍左脚停步;

　　　　　三至四拍右脚上靠,丁字步或并立,握手式站姿;

　　　　　五至六拍原地不动;

　　　　　七至八拍侧放式。

第3个八拍:左引导步。

第4个八拍:同第2个八拍。

第 5 个八拍:右引导步。
第 6 个八拍:同第 2 个八拍。
第 7 个八拍:后退步。
第 8 个八拍:同第 2 个八拍。
第 9 个八拍:后退步。
第 10 个八拍:同第 2 个八拍。
第 11 个八拍:前行左转身步。
第 12 个八拍:同第 11 个八拍。
第 13~14 个八拍:同第 11~12 个八拍,但换成前行右转身步。

老师支招

(1) 头与上身能否保持站姿的良好状态,对于每种行姿都起着决定性的作用。
(2) 手臂在摆动中应以肩为轴,上臂带动前臂,忌前臂主动发力,给人松散的感觉。
(3) 后退步中如果能先转身再转头,会让仪态增色不少。
(4) 引导步是难点,两脚交替行进时应有序而不凌乱。
(5) 停步和启动时的动作都应缓和,这样才能表现出个人的涵养。

· 训练检测 ·

被考评人:					
考评地点:					
考核项目	考核内容	分值	自评	小组评	实得分
走姿	1.身体姿态	15			
	2.跨步的均匀度	15			
	3.手臂摆动的情况	15			
	4.变换不同节奏的走姿	15			
	5.走姿礼仪组合技能展示	40			
	合　　计				

课题 4　大方蹲姿的方法与训练

大家一般认为蹲这个动作是不雅观的,所以只有在必要的时候才会蹲下来做某件事情。因此,日常生活中,蹲下捡东西或者系鞋带时一定要注意自己的姿态,尽量做到迅速、美观、大方。

一、基本要求

若用右手捡东西,可以先走到东西的左边,右脚向后退半步后再蹲下来,脊背保持挺直,臀部一定要蹲下来,避免弯腰翘臀的姿势。男士两腿间可留有适当的缝隙,女士则要两腿并紧,穿旗袍或短裙时需更加留意,以免尴尬。

二、蹲姿方法

1. 交叉式蹲姿

在实际生活中常常会用到蹲姿,如集体合影前排需要蹲下时,女士可采用交叉式蹲姿。以右交叉式为例:下蹲时右脚在前,左脚在后,右小腿垂直于地面,全脚着地,左膝由后面伸向右侧,左脚跟抬起,脚掌着地,两腿靠紧,合力支撑身体,臀部向下,上身稍前倾。

2. 高低式蹲姿

以右高低式为例:下蹲时左脚在前,右脚稍后,两腿靠紧向下蹲,左脚全脚着地,小腿基本垂直于地面,右脚脚跟提起,脚掌着地,右膝低于左膝,右膝内侧靠于左小腿内侧,形成左膝高右膝低的姿态,臀部向下,基本上以右腿支撑身体。

高低式蹲姿(女)

高低式蹲姿(男)

3. 半蹲式蹲姿

半蹲式蹲姿一般是在行走时临时采用,它的正式程度不及前两种蹲姿,但在应急时也可采用。其基本特征是身体半立半蹲。其主要要求是在下蹲时,上身稍稍弯下,但不要和下肢构成直角或锐角,臀部务必向下而不是撅起,双膝略微弯曲,角度一般为钝角,身体的重心放在一条腿上,两腿之间不要分开过大。

4. 半跪式蹲姿

半跪式蹲姿又称为单跪式蹲姿,它也是一种非正式蹲姿,多在下蹲时间较长或为了用力方便时采用。其基本要求是双腿一蹲一跪,在下蹲后,改为一腿单膝点地,臀部坐在脚跟上,以脚尖着地,另外一条腿全脚着地,小腿垂直于地面,双膝同时向外,双腿尽力靠拢。

下蹲时一定不要有弯腰撅臀的动作,切忌两腿叉开,以及下蹲时露出内衣裤等,以免影响整体姿态。当要捡起落在地上的东西或拿取低处物品的时候,应首先走到要捡或拿的东西旁边,再使用正确的蹲姿,将东西捡起或拿起。

三、交往运用

蹲姿一般在如下比较特殊的情况下才可以使用。

（1）整理工作或生活环境：在需要对自己的工作和生活环境进行收拾、清理时，可以采取蹲姿。

（2）给予他人帮助时：如与一位儿童进行交谈时，可以采取蹲姿。

（3）服务人员提供必要服务：客人坐处较低时，服务人员以站立姿势服务既不文明、方便，又会因"高高在上"失敬于人，此时可改用蹲姿为客人服务。

（4）捡拾地面物品：当自己或他人的物品落到地上或需要从低处拿起时，采用蹲姿最恰当。

四、禁忌

（1）不要突然下蹲。蹲下来的时候，不要速度过快。在行进中需要下蹲时，要特别注意这一点。

（2）不要离人太近。在下蹲时，应该和身边的人保持一定距离。如果和他人同时下蹲时，最不能忽略的就是双方的距离，否则就会和对方"迎头相撞"或发生其他误会。

（3）不要方位失当。在他人身边下蹲时，最好和他人侧身相向。正对他人或者背对他人下蹲，既不雅观也不礼貌。

（4）不要蹲在凳子或椅子上。有些人有蹲在凳子或椅子上的生活习惯，但是在公共场合这么做的话，是很不雅观的。

（5）弯腰捡拾物品时，两腿叉开、臀部向后撅起、两腿展开平衡下蹲都是不雅观的姿态。

（6）下蹲时注意内衣不可以露，也不可以透。

训练活动　蹲姿礼仪小组合

练习流程如下。

准备姿势：女士握手式站姿，男士侧放式站姿。

第1个八拍：一至二拍左脚侧跨一步；

　　　　　三至四拍右脚后交叉，脚前掌着地；

　　　　　五至六拍下蹲成交叉式；

　　　　　七至八拍保持不动。

第2个八拍：一至四拍保持不动；

　　　　　五至六拍起身；

　　　　　七至八拍并右腿。

第3~4个八拍：同第1~2个八拍，方向相反。

第5个八拍：一至三拍左脚开始向前走三步；

四拍停步,左脚在前,右脚在后,重心在左脚;

五至六拍下蹲成高低式,女士双手相叠置于左大腿上,男士双手分置于两大腿中部;

七至八拍保持不动。

第6个八拍:同第2个八拍。

第7~8个八拍:同第5~6个八拍,但方向相反。

第9个八拍:一至四拍左侧引导步行进;

五至六拍半蹲式下蹲;

七至八拍起身,左脚在前,右脚在后。

第10个八拍:同第9个八拍,但方向相反,第8拍并腿。

第11个八拍:一至二拍右腿后退半步;

三至四拍半跪式下蹲;

五至八拍保持不动。

第12个八拍:同第2个八拍。

第13~14个八拍:同第11~12个八拍,但方向相反。

老师支招

(1)下蹲时一定要避免出现随意放松的动作,继续保持"拔"和"提"的状态,这样会让这个看似不雅的动作变得优雅。

(2)无论男士还是女士下蹲时都应尽量将双腿并拢。

(3)从蹲姿还原时,应尽可能表现轻松,平时可以多做把杆的下蹲练习,提升身体的表现力。

·训练检测·

被考评人:					
考评地点:					
考核项目	考核内容		分值	自评	小组评	实得分
蹲姿	1.下蹲基本动作要领展示		15			
	2.不同蹲姿展示	半跪式蹲姿	15			
		高低式蹲姿	15			
		半蹲式蹲姿	15			
		交叉式蹲姿	15			
	3.蹲姿礼仪组合技能展示		25			
合 计						

课题 5 鞠躬礼与点头礼的方法与训练

鞠躬礼和点头礼均属于致意礼仪中的内容。致意礼仪不仅仅包括鞠躬礼和点头礼，还包括很多其他的礼仪，在后面手势礼仪的学习中将逐一介绍。

一、鞠躬礼

鞠躬，意思是弯腰行礼，是表示对他人尊重的一种礼节，是对他人尊重和敬佩的一种表达方式。日常生活中，学生对老师、晚辈对长辈、下级对上级、表演者对观众等都可行鞠躬礼。领奖人上台领奖时，向授奖者及全体与会者行鞠躬礼。演员谢幕时，对观众的掌声常以鞠躬致谢。演讲者用鞠躬礼来表示对听众的敬意。服务人员也用鞠躬礼向宾客表达由衷的敬意。遇到客人、表示感谢或回礼时，也可行鞠躬礼。鞠躬礼既适合于庄严肃穆或喜庆欢乐的仪式，又适用于普通的社交和商务活动场合。

1. 基本要求

鞠躬是表达敬意、尊重、感谢等时常用的礼节。鞠躬时应心存感谢、敬意，才能体现在体态上，给对方诚恳、真实的印象。行鞠躬礼时要面对客人，以标准站姿为基础，男士双手自然放在裤缝两边，女士双手交叉放在体前，站在距离对方 2 m 左右处，双眼注视对方，面带微笑，以臀部为轴心，上身挺直向前倾斜，幅度一般为 90°、45°、15° 三种，目光随着身体的倾斜由对方脸上自然落于脚尖前 1.5 m 处（15°礼）或脚前 1 m 处（30°礼），再慢慢抬起，注视对方。鞠躬时必须脚跟靠拢、双脚尖微微分开，然后将腰背伸直，由腰开始上身慢慢向前弯曲。鞠躬时，弯腰速度应适中，之后抬头直腰，动作慢慢进行，这样会给人很舒服的感觉。鞠躬时，应同时问候"您好"，声音要热情、亲切、甜美，且与动作协调。

2. 分类

按照上身倾斜角度的不同可以将鞠躬分为以下三种类型。

（1）一度鞠躬：上身倾斜角度约为 15°左右，表示致敬，用于一般的服务性问候。

（2）二度鞠躬：上身倾斜角度约为 45°左右，表示向对方敬礼，常用于重要活动、重要

场合中的问候礼节。

（3）三度鞠躬：上身倾斜角度约为90°左右，表示向对方深度致敬和道歉，常用于中国传统的婚礼、追悼会等正式仪式。

3. 禁忌

鞠躬时有以下几种错误做法要避免：用低头代替鞠躬，鞠躬时不看对方，鞠躬时双腿分开，鞠躬时弯腰驼背，鞠躬时看到后背。

二、点头礼

1. 基本要求

点头礼是在公共场合用微微点头表示礼貌的一种方式，大多适用于与对方不宜交谈的场合。具体而言，它可以用于不相识者初次会面之时，也可以用于向在同一场合反复见面的老朋友打招呼之际。动作要领：头部向下或根据对方所处的位置向左前或右前点头，同时目视被致意者，面带微笑。

2. 交往运用

在一些公共场合遇到领导、长辈时，一般不宜主动握手。合适的做法是点头致意，这样既不失礼，又可以避免尴尬。致意的时候应将鞠躬和问候语配合使用。行点头礼时，不应把头高高扬起，用鼻孔"看"人，或是点头的幅度过大，次数过多。

老师支招

行鞠躬礼一般有三项礼仪准则：受鞠躬礼应还以鞠躬礼；地位较低的人要先鞠躬；地位较低的人鞠躬幅度要相对深一些。

常识点点通

现在鞠躬礼使用比较多的是日本、韩国等国家。在日本，由于特殊的历史背景和地域文化，形成了进出房门低头俯身、日常交往低姿势待人的民族习惯。在日本，鞠躬礼一般分为站礼和坐礼两种。站礼分为三种：见面时的30°鞠躬礼，称为见面礼；分手时的45°鞠躬礼，称为告别礼；对上级、长辈行的鞠躬礼。坐礼也分为三种：双手礼，这种礼一般是在下级对上级、晚辈对长辈、主人对尊客；屈手礼，这种礼一般在同辈间和向对方请教时常用；指尖礼，这种礼一般是在长辈接受晚辈施礼和接受对方的问候时，在"榻榻米"上进行的。在韩国、朝鲜等国家的日常礼节中，男士常用握手礼，而女士则常用鞠躬礼。

训练活动一　鞠躬与点头礼仪小组合

练习流程如下。

准备姿势：握手式站姿。

第1个八拍：一至二拍目视前方，面带微笑，正点头礼；

　　　　　　三至四拍还原；

　　　　　　五至六拍15°鞠躬礼；

　　　　　　七至八拍还原。

第2个八拍：一至四拍保持不动；

　　　　　　五至六拍左脚向左前上步，脚尖内扣，身体向右转90°；

七至八拍握手式站姿。

第3个八拍：一至二拍右前点头礼；

三至四拍还原；

五至六拍30°鞠躬礼；

七至八拍还原。

第4个八拍：一至二拍左前点头礼；

三至四拍还原；

五至六拍左转90°；

七至八拍握手式站姿。

第5~6个八拍：同第1~2个八拍，但鞠躬礼为60°。

第7~8个八拍：同第3~4个八拍，但鞠躬礼为90°。

 老师支招

（1）点头礼完成时应缓慢优雅，点头和还原的动作节奏一致。

（2）施鞠躬礼时，应腰背挺直，特别是脖子要梗住，不能松懈低头，视线应与脸部垂直。

（3）完成点头礼和鞠躬礼时心中一定要有敬意，这样才是真正的礼，而不仅仅是一个简单、机械的动作。

训练活动二　情景模拟

场景：到某企业应聘工作。

人物：① 应聘者；② 面试官。

道具：桌椅数张，布置成面试场所。

情景模拟练习要求：① 具体情节由练习学生把握，要求切合实际；② 综合运用各种仪态礼仪，连接流畅；③ 分小组分角色进行演练。

 老师支招

（1）应聘者用标准的侧放式或握手式立于门侧，无论门是开还是关，进门前都应用中指的第二个骨节轻叩门三下，得到面试官的同意后，轻声问候，同时配上点头礼，再以标准的前行步姿进入面试场地。

（2）进门时应面带微笑，走到面试官面前后，将求职简历的可读方向朝向面试官，并双手递上。

（3）面试官面带微笑，双手接过求职简历后，应请应聘者就座。

（4）应聘者走到座位前转身用标准坐姿面对面试官。

（5）面试结束后，应聘者轻稳离座，保持良好仪态，向面试官施30°鞠躬礼，同时配上告别语后退步离开。

（6）走至门口后应再转向面试场地内，目视面试官，面带微笑，退离场地。

（7）中间还可将蹲姿捡物等情节设计进去。

·训练检测·

被考评人：					
考评地点：					
考核项目	考核内容	分值	自评	小组评	实得分
鞠躬点头	1. 鞠躬身体姿态情况	15			
	2. 鞠躬头部及视线情况	15			
	3. 不同度数鞠躬礼展示	15			
	4. 点头基本动作要领展示	15			
	5. 鞠躬、点头礼礼仪组合展示	40			
合　计					

课题6　陪同礼仪的训练

一、陪同引导

在商务活动中，接待人员陪同客人时，一般应走在客人的左侧，以示尊重。如果是主人陪同客人，就要并排与客人同行。如属随行人员，应走在客人和主陪人员的后面。负责引导时，应走在客人左前方二至三步远的地方，和客人的步速一致，每当经过拐角、楼梯或道路坎坷的地方，要提醒对方留意，使用手势，并提醒客户"请左拐"、"这边请"、"请小心路滑"、"请您小心，这里地不平"等。在走的过程中要交谈或答复提问时，就要侧转身朝向对方。

陪同引导客户时，如果是在走廊或平地引领，双方并排走路时，陪同引导人员应在左侧。如果双方单行走路时，要在左前方二至三步左右的位置。当被陪同人员不熟悉行走方向时，应该走在前面外侧。另外，走的速度不可太快或太慢，要照顾到客户。

二、乘电梯

乘坐箱式电梯时，如有专人服务，应请客人先进，如无专人服务，接待人员应先进去操作，到达时请客人先行。

乘坐自动扶梯时，应靠右侧站立，空出左侧通道，以便有急事的人通行，应主动照顾同行的老人与小孩踏上扶梯，以防跌倒。如需从左侧急行通过时，应向给自己让路的人致谢。

三、开关门

如门朝外开，应请客人先进。先敲门，打开门后把住门把手，站在门旁，对客户说"请

进",并施礼进入房间,进入房间后用右手将门轻轻关上,请客户入座,安静退出,这时候可以用"请稍候"等语言。

如门往里开,陪同人员应先进去,然后再请客人进入。先敲门,自己随门先进入房间,侧身,把住门把手,对客户说"请进",并施礼,轻轻关上门后,请客户入座。

出入房间时,特别是在进入房间前,一定要轻轻叩门或按门铃,向房内的人通报一声。贸然出入或者一声不吭,都显得冒失。务必要用手开门或关门,最好是反手关门、反手开门,这样才能始终面向客户。像一些用胳膊肘顶、膝盖拱、臀部撞、脚踢、蹬的方式关门都是不好的做法。和别人一起进出房门时,为表示礼貌,要后进后出,请客户先进先出。当陪同引导客户的时候,还有义务在出入房门时替对方拉门或是推门,但在拉门或是推门后要使自己处于门后或门边,不要挡住对方。

在向客户告别离开时,在细节上要注意,如果立刻扭头就走会显得有些失礼,可以后退几步,再转身离去。通常面向客户后退两三步就可以了,对客户越尊重,后退的步子就要越多。当和客户交谈的时候,上身转向对方,距对方较远一侧的肩部朝前,距对方较近一侧的肩部稍后,身体和对方身体保持一定距离。

四、乘车

乘坐小轿车时,陪同人员要先打开车门,请客人上车,并以手背贴近车门上框,提醒客人避免磕碰,待客人坐稳后,再关门开车。按照习惯,乘车时客人和主陪应坐在司机后第一排位置上,客人在右,主陪在左,陪同人员坐在司机身旁。车停后陪同人员要先下车打开车门,再请客人下车。如果接待的是两位贵宾,主人或接待人员应先拉开后排右边的车门,让尊者先上,再迅速从车的尾部绕到车的另一侧,打开左边的车门,让另一位客人从左边上车。只打开一侧车门让一位客人先进入车内的做法是很失礼的。当然,为了让宾客顺路欣赏本地的一些名胜风景,也可以在说明原因后,请客人坐在左侧,但同时应向客人表示歉意。需要强调的是,即使是为了让客人欣赏风景,也不要让客人坐司机旁的位置,尤其是接待港、澳、台地区的客人和外国客人时更应注意这一点,否则会弄巧成拙、事与愿违。

乘坐出租车时，客人数量不满三人时，应坐在后排。乘坐大巴、中巴或面包车时，应按照客人的尊贵程度从前往后依次安排座位。

 温心小贴士

陪同客人、外宾参观访问时，陪同人员应提前 10 min 到达。参观过程中，陪同人员应走在宾客的左前方，并超前两至三步，时时注意引导，遇进出门户、拐弯或上下楼梯时，应伸手示意。参观结束后，应将客人送至宾馆，然后再告别。

训练活动　情景模拟

场景：陪同领导参观学校。

人物：① 陪同引导；② 参观者。

情景模拟练习要求：① 具体情节由练习学生把握，要求切合实际；② 综合运用各种陪同礼仪，连接流畅；③ 分小组分角色进行演练。

·训练检测·

被考评人：					
考评地点：					
考核项目	考核内容	分值	自评	小组评	实得分
鞠躬 点头	1.陪同引导的规范要求展示	15			
	2.开关门的动作与礼节	15			
	3.陪同乘车的礼仪	15			
	4.表情自然，体态不僵硬	15			
	5.情景模拟展示	40			
	合　　计				

 思考练习

1. 在仪态礼仪中，站姿、坐姿、行姿、蹲姿、鞠躬、陪同礼仪有哪些规范要求？
2. 陪同礼仪中有何规范要求？
3. 想一想在实际生活中应该如何运用？

任务3 表情礼仪

【活动情景】

自备小镜子一面,设置落地镜的形体训练室。

【任务要求】

1. 了解基本表情礼仪的内容与规范要求。
2. 掌握正确微笑、眼神等表情礼仪。
3. 体会运用微笑和眼神进行交流的益处。

【技能训练】

1. 微笑及表情神态训练。
2. 情景模拟:接待一位到银行办理挂失业务的顾客。

基本活动

课题1 微笑的魅力与训练

美国密西根大学的心理学家詹姆士·麦克奈尔教授谈到,有笑容的人在管理、教导、推销上更容易成功,更可以培养快乐的下一代。真诚的微笑不但可以让人们和睦相处,也会帮助人们走向成功。微笑还可以用来应急,使对方内心感到温暖。微笑还可以用来拒绝一些无聊的、不近人情的或难以回答的问题。

微笑是交际活动中最富有吸引力、最有价值的面部表情。这是因为,微笑可以表现自己友善、谦恭、渴望友谊的美好感情因素,向他人发射出理解、宽容、信任的信号。无论国界、语言、种族、肤色,一个微笑就能够让我们心意相通、情意相融,微笑就是我们最好的语言。依靠自身的努力我们完全可以拥有有魅力的微笑。

一、基本要求

微笑要发自内心、自然大方,显示出内心的诚意,由眼神、眉毛、嘴巴、表情等协调来完成;要防止生硬、虚伪、笑不由衷,先要放松面部肌肉,然后使嘴角微微向上翘起,使嘴唇呈现弧形，表现出笑容可掬的神态，不显著、不出声，热情、亲切、和蔼，自然流露内心的喜悦；要神情并貌、精神饱满、神采奕奕、亲切甜美，与仪表举止和谐一致，从外表上达到完美统一的效果。要笑得好并非易事，需要进行适当的训练。

★ 小故事花絮

微笑中国迎来世界的微笑

中国自古以来就以礼仪之邦而著称，奥运会使古老的中华文明因礼乐而增色，因礼仪而厚重。微笑是十分奇妙的，它能在生活中荡开一层层涟漪，把生命的湖泊变成一种源自生命深处的美感。北京奥运会志愿者的微笑，就像皇冠上的宝石一样，为奥运的整体记忆着色。

2008年8月8日，北京奥运会开幕式正式开始。武警北京总队礼炮支队官兵施放的特效焰火不停地升腾、下坠，在"鸟巢"上空打出2008个绽放的笑脸。与此同时，2008名小演员像变魔术似地展开手中不同肤色、不同神态的儿童笑脸图片，构成一幅天地笑脸大团圆的壮美画卷。焰火中的笑脸随风飘散，北京奥运期间那些鲜活的笑脸却同样令人心动、发人深省，它将连同那一枚枚"金镶玉"奖牌，永久地镶嵌在"地球村"人的记忆中。

微笑是世界上最美的行为语言，也是作为主人应有的迎客姿态。从"鸟巢"到"水立方"，无论何时何地，志愿者微笑的面容和忙碌的身影总会出现在与奥运相关的每一个地方。

为了迎接奥运圣火，全国百余座城市开展了"笑脸迎奥运"活动，300多万人在"大讲堂"里接受文明礼仪培训；42场"微笑北京"的比赛演练赛场文明。站立、转身、微笑、颔首鞠躬，动作一遍遍地重复；汗水、泪水、疲惫、伤痛，挡不住她们对奥运的热情。训练中的她们，认真、倔强，身体瘦弱但毅力非凡；镜头前的她们，淡定、从容，不施粉黛却也气质非凡。一年的时间，5轮全方位筛选、培训后，337名奥运礼仪小姐"破茧成蝶"。她们服务于各个奥运赛场，引领颁奖嘉宾和运动员入场、退场，手捧托盘送上奖牌与鲜花。她们用"无与伦比"的笑容传递着东方神韵，告诉人们"东方的也是世界的"。

微笑无处不在。在所有奥运会服务工作中，都大写着"微笑"两个字。一个人的微笑，是一个人的表情；千百万人的微笑，是一座城市的表情；亿万人的微笑，就是一个国家的表情，也是五千年深厚文化积淀的自然流露。微笑虽不具备钢铁的坚硬，有时却能显示出比钢铁更具撞击的力量。从奥运村到"地球村"，正是这种微笑中的"温暖"驱散了阴霾，使天空出现灿若云锦的霞光。

二、交往运用

得体的微笑在社交、生活、工作中都有非常深刻的内涵。

（1）微笑着接受批评，显示自己承认错误但不诚惶诚恐。

（2）微笑着接受荣誉，说明自己充满喜悦但不骄傲自满。

（3）遇见领导、老师，给一个微笑，表达了尊敬但无刻意奉承。

（4）微笑着面对困难，用笑脸迎接一个悲惨的厄运，用百倍的勇气来应付一切的不幸，说明自身经得住考验和磨炼，有战胜困难的勇气和信心。其实，温和、含蓄的微笑不仅是应付社交的手段，而且深寓着一个人的人生价值观。

★小故事花絮

曾经有这样一则耐人寻味的故事。在西班牙内战时，有一位国际纵队的普通军官不幸被俘，并被投进了阴森可怕的单人监狱。在即将被处死的前一夜，他搜遍全身才发现半截皱巴巴的香烟。此时，他很想吸上几口，以缓解临死前的恐惧，可是他发现自己身上没有火。于是，他艰难地走向铁窗，向铁窗外的看守士兵再三请求。最后，铁窗外那个木偶似的士兵总算掏出火柴，划着了火，并且把火伸向了铁窗内的军官。当四目相对时，军官不由得向士兵送上了一丝微笑。令人惊讶的是，那士兵在几秒钟的发愣后，嘴角也不由自主地向上翘了，最后竟然不可思议地也露出了微笑。后来两人开始交谈，谈到了各自的家乡，谈到了各自家中的妻子和孩子，甚至还相互传看了珍藏的他们与家人的合影照片。当次日的第一缕曙光照进监狱的时候，军官已经是苦泪纵横了。没想到那位士兵竟然动了真感情，悄悄地放走了军官。微笑在那一刻，沟通了两颗心灵，也挽救了一条生命。

三、魅力笑容六步曲

有魅力的微笑不一定是天生的，依靠自身的努力也完全可以拥有。微笑时最重要的是嘴型，嘴巴动的方向不同，嘴角朝向的方向不同，微笑也不同。面部肌肉跟其他肌肉一样，使用得越多，越可以自如地移动。魅力笑容的形式有以下六个阶段。

第一阶段：放松肌肉。

放松嘴唇周围肌肉是微笑练习的第一阶段，又名"哆咪咪练习"的嘴唇肌肉放松运动，是从低音"哆"开始，到高音"哆"，大声、清楚地发出每个音。要一个音节一个音节地发音，发音时应注意嘴型。

第二阶段：给嘴唇肌肉增加弹性。

形成笑容时最重要的部位是嘴角。锻炼嘴唇周围的肌肉，能使嘴角的移动变得更干练更好看。伸直背部，坐在镜子前面，反复练习最大限度地收缩或伸张。

张大嘴巴：使嘴周围的肌肉最大限度地伸张，并保持这种状态 10 s。

嘴角紧张：闭上张开的嘴，拉紧两侧的嘴角，使嘴唇在水平方向上紧张起来，并保持 10 s。

聚拢嘴唇：在嘴角紧张的状态下，慢慢地聚拢嘴唇，出现圆圆的卷起来的嘴唇聚拢在一起的感觉时，保持 10 s。

保持微笑 30 s：用门牙轻轻地咬住木筷子，将嘴角对准木筷子，嘴角两边都要翘起，并观察连接嘴唇两端的线是否与木筷子在同一水平线上，保持这个状态 10 s。然后轻轻地拔出木筷子，练习维持这种状态。反复练习这一动作三次左右。

第三阶段：形成微笑。

形成微笑是在放松的状态下练习笑容的过程，练习的关键是使嘴角上升的程度一致。如果嘴角歪斜，表情就不会太好看。练习各种笑容的过程中，就会发现最适合自己的微笑。

小微笑：把嘴角两端一齐往上提，使上嘴唇呈现紧张感，稍微露出两颗门牙。保持10 s之后，恢复原来的状态并放松。

普通微笑：慢慢使肌肉紧张起来，把嘴角两端一齐往上提，使上嘴唇呈现紧张感，露出六颗左右上门牙。保持10 s后，恢复原来的状态并放松。

大微笑：一边拉紧肌肉，使之强烈地紧张起来，一边把嘴角两端一齐往上提，露出十颗左右上门牙，也稍微露出下门牙。保持10 s后，恢复原来的状态并放松。

第四阶段：保持微笑。

一旦寻找到满意的微笑，就要进行至少维持这种表情30 s的训练。重点进行这一阶段的练习，就可以获得很满意的效果。

第五阶段：修正微笑。

如果认真地进行了训练，但笑容还是不那么完美，就要寻找其他部分是否有问题。如果能自信地敞开微笑，就可以把缺点转化为优点，缺点也不会成为大问题。

缺点一：嘴角上升时歪斜。两侧嘴角不能一齐上升的人很多，利用木制筷子进行训练很有效果。刚开始会比较困难，但若反复练习，就会在不知不觉中两边一齐上升形成迷人的微笑。

缺点二：微笑时露出牙龈。微笑的时候露出牙龈往往是由于笑的时候没有自信，笑得腼腆。自然的笑容可以弥补露出牙龈的缺点，通过嘴唇肌肉的训练可弥补这一弱点。

首先，挑选满意的微笑。试着练习各种微笑，在其中挑选最满意的笑容。然后确认能看见多少牙龈，大概能看见2 mm以内的牙龈的，就比较合适。

其次，反复练习满意的微笑。对着镜子，试着练习前面所选的微笑。在稍微露出牙龈的程度上，反复练习美丽的微笑。

最后，拉上嘴唇。如果希望在微笑时不露出很多牙龈，就要给上嘴唇稍微加力，使上嘴唇稍向下。保持这一状态10 s。

第六阶段：修饰有魅力的微笑。

伸直背部和胸部，用正确的姿势在镜子前面边笑边修饰自己的微笑。

 常识点点通

微笑大使评选标准

微笑大使评选的标准是什么？有关专家、学者进行了研讨，最终确定"温情、明礼、健康、美丽"为微笑大使的评选标准。温情会让人感到温暖，窗口单位服务人员及行政执法人员的温情意识和温情细节不仅会感动被服务和被执法的对象，也会提升办事效率。公共场合的明礼，不仅事关个人的形象，而且常常关系所在单位、所在行业、所在城市的形象。健康、美丽则既是一种外在的精神风貌也是内在心灵美的体现，笑得健康、笑得美丽，和谐的服务环境、执法环境也就会随之产生。

"温情、明礼、健康、美丽"的评选标准，涵盖了爱岗敬业、真诚无私、奉献爱心等内容，是对微笑大使最全面最精确的阐述。

训练活动一　模拟训练法

先端坐镜前,整理好衣装,以轻松愉快的心情调整呼吸至自然顺畅,静心 3 s,最好能同时听听较欢快的音乐。练习步骤如下。①轻合双唇。②两手食指伸出(其余四指自然并拢),指尖对接,放在嘴前 15~20 cm 处。③让两食指指尖缓慢匀速分别向左右移动,使之拉开5~10 cm 的距离。同时嘴唇随两食指移动速度同步加大唇角的展开度,并在意念中形成美丽的微笑,让微笑停留数秒钟。④两食指再
缓慢匀速向中间靠拢,直至两食指相接,同时,唇角开始以两指移动的速度同步缓缓收回。需要提示的是,训练微笑缓缓收住很重要,切忌不能让微笑突然停止。

训练活动二　记忆提取法

记忆提取法是指从记忆中唤醒过去那些愉快、令人喜悦的情景,使这种情绪重新袭上心头,重享惬意的微笑。要求学生在镜中找到适合自己的最佳的微笑状态。

微笑的秘诀就是发自内心、自然亲切,做到表里如一。真正的微笑应当有丰富的内涵,渗透一定情感,这样才能具有感染力,这就是所谓笑中有情,笑以传情。

训练活动三　牙齿暴露法

数一数自己笑得最美时露出了几颗牙。含蓄的笑几乎不露出牙齿,矜持的笑露出两颗门牙,优雅的笑露出四五颗牙齿,热情的笑露出六颗以上的牙齿。

训练活动四　口型对照法

通过一些相似性的发音口型,如"一""茄子""呵""哈"等,练习嘴角肌的运动,使嘴角露出微笑。

训练活动五　眼睛笑容法

用手遮住鼻子和嘴,只露出眼睛,练习让自己的眼睛笑起来,这时眼角是微微上掀的,眉头也一定是舒展的,这就是我们平常所说的眉开眼笑。面部肌肉放松后,眼睛也随之恢复原形,但目光中仍然会反射出脉脉含笑的神采。

老师支招

通常微笑要由眼神、眉毛、嘴巴、表情等来协调完成。训练时在镜中观察自己微笑的表现形式,注意心态的调整。平时可以在众人面前讲一段话,让大家来评议,以帮助改善自己的表情。

课题2　眼神的表达与训练

眼睛是心灵的窗口,目光是面部表情的第一要素。眼睛能传达出喜、怒、哀、乐等不同的情感。眼神是对眼睛的总体活动的一种统称。眼睛是人类五种感觉器官眼、耳、鼻、舌、身中最敏感的,它通常占到人类表情的70%左右。因此,泰戈尔指出,一旦学会了眼睛的语言,表情的变化将是无穷无尽的。社交活动中,眼神的运用要符合一定的礼仪规范,不了解这种规范,往往会被人视为无礼,给人留下坏的印象。

一、基本要求

眼神能够明显、自然、准确地展示一个人的心理活动,从一个人的眼睛往往能看到他的整个内心世界。特别是在与人交谈时,目光应该注视对方,不应该躲闪或游移不定。在整个谈话过程中,目光与对方接触累计应达到全部交谈时间的2/3。

二、眼神训练方法

1. 注视部位

（1）对方的双眼。问候对方、听取诉说、征求意见、表示诚意、向人道贺或与人道别,都应该注视对方的眼睛,但时间不能太长,否则双方都会比较尴尬。

（2）对方的面部。与对方长时间交谈时,可以以对方的整个面部作为注视区域,但不能聚焦于某一处,应以散点柔视为宜。

（3）对方的全身。与对方相距较远时,应当以对方的全身为注视区域。

（4）与人交谈时,目光应该注视对方,但应使目光局限在上至对方额头,下至对方衬衣的第二粒纽扣以上,左右以两肩为准的方框中。在这个方框中,一般有三种注视方式。一是公务注视,一般用于洽谈、磋商等场合,注视的位置在对方的双眼与额头之间的三角区域内。二是社交注视,一般在社交场合如舞会、酒会上使用,注视的位置在对方的双眼与嘴唇之间的三角区域内。三是亲密注视,一般在亲人之间、恋人之间、家庭成员等亲近人员之间使用,注视的位置在对方的双眼和胸部之间。

2. 注视角度

（1）正视,即在注视他人时,与之正面相向,同时还须将上身前部朝向对方。正视是做人的一种基本礼貌,主要用来表示重视对方。斜眼或扭头注视都难以表达此种含义。

（2）平视,即在注视他人时,身体与其处于相似高度。平视与正视并不矛盾,因为在正视他人时,往往要求同时平视对方,这样做可以表现出双方地位的平等与自己的不卑不亢。

(3) 仰视，即在注视他人时，自己所处的具体位置较对方低，需要抬头向上仰望对方。仰视可给予对方重视信任的感觉。

在公众场合为避免令人不愉快的凝视，可采用如下方法：一是适时地转移视线，尽量不要长时间注视同一个人；二是善用失神的眼光，如乘坐公交车时，由于人多拥挤，有时不得不面对对方，这时可以使眼神显出茫然失神或若有所思的样子，以免失礼。

三、禁忌

人际交往中诸如呆滞、漠然、疲倦、冰冷、惊慌、敌视、轻蔑、左顾右盼的目光都是应该避免的，更不要对人上下打量、挤眉弄眼。交谈时要将目光转向交谈人，以示自己在倾听，应将目光放虚，相对集中于对方某个区域上，切忌"聚焦"，死盯着对方眼睛或脸上的某个部位。

 老师支招

当你与他人交谈时应该尽量把目光局限于上至对方头顶 5 cm，下至胸前第二粒纽扣，左右至肩侧 10 cm 为准的方框里。如果是彼此初次相识，或者关系一般以及异性之间，更应该注意这一点，不要轻易超越这个"许可区间"，否则将被视为无礼的表现。

 常识点点通

千奇百怪的眼睛礼仪

注视礼：阿拉伯人在倾听尊长或与宾朋谈话时，两眼总要直直地注视着对方，以示敬重。日本人在交谈时，往往恭恭敬敬地注视着对方的颈部，以示礼貌。

远视礼：南美洲的一些国家，在同亲友或贵宾谈话时，目光总要望着远方，好像东张西望。如果同三位以上的亲朋谈话，则要背向听众，看着远方，以示尊敬。

眯目礼：在波兰的亚斯沃等地区，当已婚女子同丈夫的兄长交谈时，女方始终要眯着双眼，以示谦恭。

眨眼礼：安哥拉的基母崩杜人在贵宾光临时，总要不断地眨左眼，以示欢迎，来宾则要眨右眼，以表答谢。

挤眼礼：澳大利亚人路遇熟人时，除说："hello"外，有时要行挤眼礼，即挤左眼，以示礼节性招呼。

训练活动一　眼神练习

练习流程如下。

(1) 眼部操分解动作训练。熟悉掌握眼部肌肉的构成，锻炼肌肉韧性。

① 眼球转动训练：包括平视、斜视、仰视、俯视等。

② 眼睛眨动训练：眨快，表现为不解、调皮、幼稚、活力、新奇；眨慢，表现为深沉、老练、稳当、可信。

③ 目光集中训练：要求学生集中注意力凝视设定的某个点，练习集中、认真、动脑思考的眼神。注意避免分散、漠然、木讷、游移不定、心不在焉的眼神。

(2) 眼眉综合定位。注意用细微的变化淋漓尽致地表现富有内涵、积极向上的眼神。

老师支招

男子的眼神要表现出刚强、坚毅、稳重、深沉、锐利、成熟、沧桑、亲切、自然;女子的眼神要表现出柔和、善良、温顺、敏捷、灵气、秀气、大气、亲切、自然。

训练活动二　情景模拟

场景:接待一位到银行办理挂失业务的顾客。

人物:① 大堂经理;② 银行柜员;③ 业务经理;④ 顾客。

道具:桌椅数张,布置成银行营业大厅的情景。

情景模拟练习要求:① 具体情节由练习学生把握,要求切合实际;② 综合运用各种仪态礼仪,并结合眼神、微笑,表演连接流畅;③ 分小组、分角色进行演练。

老师支招

(1) 顾客遗失物品时一般比较着急,服务接待时表情和语言中都应该替顾客考虑,表情要亲和,要准确把握微笑的时间和程度。

(2) 大堂经理应准确运用问候语和15°鞠躬礼,并配合指引手势,将顾客引领至柜台。

(3) 银行柜员见顾客过来,应立即起身迎接,微笑问候,目视对方,并施15°鞠躬礼。

(4) 办理业务过程中柜员的坐姿应标准,同时递送物品应使用双手。解释业务时除看着业务单上的相关栏目外,应适当与顾客有眼神上的交流,让顾客感到温暖。

(5) 业务办理结束后,柜员应起身以握手式站姿相送,目视对方,并配有送别语。

·训练检测·

被考评人:					
考评地点:					
考核项目	考核内容	分值	自评	小组评	实得分
微笑眼神	1.微笑时与眼神、眉毛、嘴角的协调配合	20			
	2.微笑时眼神的亲切度	20			
	3.微笑时眼睛的明亮度	20			
	4.微笑时嘴角的上扬高度是否一致	20			
	5.微笑时表情的真实感	20			
合　计					

思考练习

1. 观察各行业服务员的眼神和态度之间的关系,谈谈自己的感悟。
2. 校园里与擦肩而过的同学进行眼神接触,试着揣摩对方的心理。
3. 与亲朋好友进行目光交流,考察眼神是否与自己的思想感情相符。
4. 与不同年龄、不同性别、不同职业、不同性格、不同情境的人交流,大胆尝试使用不同的眼神,并考察社交效果。

任务4 手势礼仪

【活动情景】

设置落地镜的形体训练室,女士带跟皮鞋,男士皮鞋,各式椅子、凳子。

【任务要求】

1. 了解基本手势礼仪的内容与规范要求。
2. 掌握正确指引手势、握手、递接物品、介绍、致意、挥手道别、鼓掌等手势礼仪。
3. 掌握练习方法,自矫错误,直至养成正确的习惯。

【技能训练】

1. 手势礼仪训练。
2. 情景模拟:接待教育局领导参观学校。

 基本活动

课题1 指引手势的方法与训练

手是最有表现力的一种体态语言,作为仪态的重要组成部分,手势也是人们交往中不可缺少的动作。俗话说:"心有所思,手有所指。"手的魅力并不亚于眼睛,甚至可以说手就是人的第二双眼睛。人在紧张、兴奋、焦急时,手都会有意无意地表达出来,如招手致意、挥手告别、拍手称赞、拱手致谢、举手赞同、摆手拒绝,手抚是爱、手指是怒、手搂是亲、手捧是敬、手遮是羞,等等。手势的含义,或是发出信息,或是表示喜恶。恰当地运用手势表情达意,就会为自己的交际形象增辉添彩。

 案例

1988年竞选,布什请来了美国称之为"利用媒介塑造形象"的奇才罗杰·艾尔斯。艾尔斯从公共关系的角度指出了布什的两个毛病:一是讲演不能引人入胜,比较呆板;二是姿态动作不美,风格不佳,缺乏独立和新颖的魅力。这些缺点导致公众觉得他摆脱不了里根的影子。艾尔斯帮助布什着重纠正尖细的声音、生硬的手势和不够灵活的手臂动作,建议布什讲话时要果断、自信,体现出强烈的自我表现意识,这样才能成为千万人瞩目的中心。经过练习,布什的演讲魅力提升显著,为竞选成功增添了不少筹码。

一个人的体态语言在交往中起着很重要的作用。体态语言须随着说话情感的起伏自然而然地应用,其动作直接作用于人们的视觉器官,美则令人赏心悦目,丑则令人反感厌恶。

一、基本要求

指引手势的基本要求:手掌自然伸直,掌心斜向上,手指并拢,拇指自然稍稍分开,手腕伸直,使手与小臂成一条直线,肘关节自然弯曲,大小臂的弯曲以140°为宜。在伸出手时,要讲究柔美、流畅,避免僵硬死板、缺乏韵味。同时要配合眼神、表情和其他姿态,使手势更显协调大方。

二、指引手势方法

1. 横摆式

表示"请进"、"请"或引领客人时,常用横摆式。基本要求是五指并拢,手掌自然伸直,手心向上,肘微弯曲,腕低于肘,手应从腹部之前抬起,以肘为轴向一旁摆出,到腰部并与身体正面成45°时停止。头部和上身微向伸出手的一侧倾斜。另一只手下垂或放在体前、背在背后,目视宾客,面带微笑,表现出对宾客的尊重、欢迎。面带微笑说:"请"、"请随我来"。当来宾较多时,表示"请"的动作可以大一些,采用双臂横摆式。

横摆式　　　　　　　　　　　　　　双臂横摆式

2. 曲臂式("里边请")

如果左手拿着东西或扶着门,需要向宾客做向左"请"的手势时,可以用曲臂式。五指并拢,手掌抻直,从身体侧前方由下而上抬起,以肩关节为轴,再由身前右方摆至腰的高度,距身体15~20 cm,在不超过躯干的位置时停止。目视来宾,面带微笑。

曲臂式

斜摆式

3. 斜摆式("请坐")

斜摆式是请客人入座时常采用的手势。一只手曲臂由前抬起,再以肘关节为轴。前臂由上向下摆动,使手臂向下成一条斜线,并微笑点头示意来宾"请坐"。手臂应摆向座位的地方。

4. 直臂式("请往前走")

需要给他人指引方向时,用直臂式。手指并拢,掌伸直,屈肘从身前抬起,向指引的方向摆去,摆到肩的高度时停止,肘关节基本伸直。注意指引方向,不可用一个手指指示,这样显得不礼貌。

直臂式

双臂竖摆式

5. 双臂竖摆式("女士、先生们请")

在较隆重的场合,需同时向广大的来宾做出"请入座""请开始"等手势时,为了使前后的来宾都能看到手势,可采用双臂竖摆式手势。将双手由腹前抬到头的高度,再向两侧分开下划到腰部。在手臂向两侧分开的同时,自觉从左至右环视全场来宾,并微笑伴以恰当的祝词,上身前倾施礼,然后退到一侧。

训练活动　指引手势礼仪小组合

练习流程如下。

准备姿势:握手式站姿。

第1个八拍:一至二拍15°鞠躬礼;
　　　　　三至四拍还原;
　　　　　五至六拍右手横摆式;
　　　　　七至八拍还原。

第2个八拍:一至四拍同第1个八拍1~4拍;
　　　　　五至六拍右手曲臂式;
　　　　　七至八拍还原。

第3个八拍:一至二拍右转90°;
　　　　　三至四拍握手式站姿;
　　　　　五至六拍右点头礼;
　　　　　七至八拍还原。

第4个八拍:一至四拍右双臂横摆;
　　　　　五至八拍还原。

第5个八拍:一至二拍右点头礼;
　　　　　三至四拍还原;
　　　　　五至八拍右直臂式。

第6个八拍:一至二拍右点头礼;
　　　　　三至四拍还原;
　　　　　五至六拍双臂竖摆式;
　　　　　七至八拍保持不动。

第7个八拍:一至四拍引导前行步;
　　　　　五至六拍右斜摆式;
　　　　　七至八拍还原。

第8个八拍:一至二拍后退步;
　　　　　三至六拍左转前行步;
　　　　　七至八拍成握手式。

第9~16个八拍:同第1~8个八拍,但方向相反。

 老师支招

(1) 手势是人们交往时不可缺少的动作,手势越标准说明对他人的尊重程度越高。

(2) 完成手势时切忌手臂松软无力,手指分开无形。

(3) 手势完成后要停留约3 s,让被指示和引领的人看清看准。

(4) 除直臂式外,完成手势时上臂与前臂之间应保持一定的夹角。

· 训练检测 ·

被考评人:					
考评地点:					
考核项目	考核内容	分值	自评	小组评	实得分
指引手势	1.不同手势的展示 横摆式	10			
	曲臂式	10			
	斜摆式	10			
	直臂式	10			
	双臂竖摆式	10			
	2.指引手势时身、眼的协调配合	15			
	3.手势礼仪组合技能展示	35			
合　计					

课题2　握手的方法与训练

握手是人际交往的基本礼节之一,用在见面、告别、感谢、祝贺、安慰、道歉等场合。握手看似简单,却有着复杂的礼仪规则,蕴含着丰富的交际信息。握手是一种语言,而且是一种无声的动作语言。

一、基本要求

一般握手时应行至距对方约1 m处,双腿立正,上身略向前倾,伸出右手,四指并拢,拇指张开与对方相握,且力度适度,时间为3～5 s,上下晃动三四次后松手。

(1) 握手的时间:在一般情况下应该是3～5 s,除非是表示鼓励、慰问和热情,握手的时间可以稍微延长。

(2) 握手的力度:握手时最佳的做法是稍微用力,包括跟异性在内,让对方感觉到自己的热情、友善及重视。

(3) 握手时的寒暄:握手时应相互问候,并配合自然、热情的表情,同时双眼注视对方的眼睛。

二、握手方法

1. 两人握手

(1) 控制式握手:握手时,手心向下握住对方,显示出强烈的支配欲,用无声的语言告诉对方自己此时处于高人一等的地位。一般地位显赫的人习惯用此方式。

(2) 友善式握手：握手时，手心向上，显示出友善、谦卑与恭敬，如果伸出双手去捧接，就更加显得友善、谦恭备至。

(3) 标准式握手：伸出右手，手心与身体处于垂直状态，身体微微向前倾斜，握手时，双目要注视对方，面带微笑，3～5 s即可。

(4) 手套式握手：用自己右手握住对方右手后，再以左手握住对方右手的手背。这种方式适用于亲朋故旧之间，可用以表达相互的深厚情谊。

一般手套式握手不适用于初识者与异性，因为它有可能被理解为讨好或失态。左手除握住对方右手手背外，还有可以握住对方右手手腕、对方右手手臂，按住或拥住对方右肩，但这些做法除非是面对至交，一般不要滥用。

2．一人与多人握手

一人与多人握手时应遵循以下原则。

(1) 由尊而卑。

(2) 由近而远。

(3) 顺时针方向前进。

三、交往运用

在与人握手时，首先要分辨交往双方谁是尊者。尊者拥有握手的优先意愿权。具体来说有以下一些情况。

(1) 年长者与年幼者握手，应由年长者先伸手。

(2) 长辈与晚辈握手，应由长辈先伸手。

(3) 老师与学生握手，应由老师先伸手。

(4) 女士与男士握手，应由女士先伸手。

(5) 已婚者与未婚者握手，应由已婚者先伸手。

(6) 社交场合的先到者与后来者握手，应由先到者先伸手。

(7) 上级与下级握手，应由上级先伸手。

(8) 客人与主人握手，应由主人先伸手。

四、禁忌

(1) 忌心不在焉。在握手时忌不看着对方、表情呆板、不说话、左顾右盼。

（2）忌伸出左手握手。尤其同外国人握手时，一般只用右手，通常不用左手，除非没有右手。因为在很多国家，如新加坡、马来西亚、泰国、印度等，人们的左右两只手往往有各自的分工。右手一般用来递东西、抓饭吃或行使礼节，而左手则用来沐浴更衣等。用自己的左手去和那些有这些顾忌的人握手，是非常不礼貌的。

（3）忌戴着手套握手。国际惯例，女士在社交场合戴的薄纱手套可以不摘。女士所戴的薄纱高袖手套属于社交装，它跟无袖礼服配套，平时可以不摘。像我们一般所用的御寒手套，如皮手套、毛手套、羽绒手套，与别人握手时则一定要摘。摘掉手套握手，通常表示尊重对方。

（4）忌交叉握手。在国际交往中，尤其是与西方人握手时，应避免交叉式握手，它被视为非常的不吉利。

（5）忌坐着与人握手。除长者或女士，或不方便起立的情况，只要有可能，握手时都要起身站立。

 常识点点通

为什么要按顺时针方向握手？

通常认为，顺时针方向是一种比较吉利的方向。在一般的社交场合，大家不喜欢倒着走。除非极特殊情况，如：运动会入场式是逆时针的方向，这是古希腊奥林匹克运动的传统；轿车是从逆时针方向开到酒店大堂外的，这是交通规则的规定。认为逆时针方向不吉利的原因是它一般多见于追悼会或者遗体告别仪式。总之，社交礼仪尤其国际交往非常讲究握手的方向。

 温心小贴士

请记住握手的七个步骤：①大方伸手；②虎口相对；③目视对方；④面带微笑；⑤力度七分；⑥男女平等；⑦保持3～5 s。大家多多练习吧！

课题3　递接物品的方法与训练

一、基本要求

递接物品是日常生活和工作中常见的动作，但这个小小的动作往往却能给人留下深刻的印象。递接物品的基本原则是双手或右手递接物品，以表现对对方的尊重。

二、交往运用

（1）双手为宜。递送物品最好采用双手。不方便时最起码也要使用右手，以左手递物品通常被视为无礼。

（2）递于手中。递给他人的物品，最好直接交到对方手中。不到万不得已，最好不要将所递的物品放在别处。

（3）主动上前。若双方相距较远，递物者理当主动走近接物者。假如自己是坐着的，在递物时还应尽量起身站立。

（4）方便接拿。递送物品时应为接物者留下适当空间，将文字物品如文件或名片递交他人时，还须使文字正面对着对方。

（5）尖、刃内向。将尖刀、带刃或其他伤人的物品递送于他人时，切勿以尖、刃直指对方，应该使其朝向自己或是朝向他处。

（6）交换名片时的高度不能低于腰部以下，若要拿着名片行走，拿着名片的那只手应该放于胸前。

（7）当手中拿着其他物品却要接收名片时，必须先放下手中的东西，再收名片，否则会给人以随便的感觉，也会让对方感到不受重视。

（8）接收名片时，应拿着名片的边角，以认真的态度看名片上的资料，并将名片放入上衣口袋或名片夹中，不能置之不理或塞进口袋，特别不能塞到裤子口袋里。

（9）招待客人用茶时，应一手握茶杯把或扶杯壁，一手托杯底，并说声"请用茶"，若茶水较烫，可将茶杯放到客人面前的茶几上。如果接主人敬上的茶，应站起身伸出双手，说声"谢谢"。

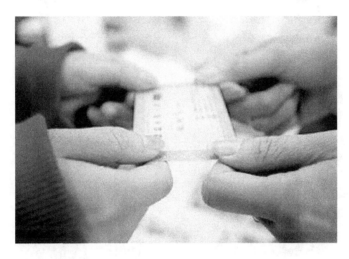

训练活动一　握手、递接物品礼仪小组合

练习流程如下。

准备姿势：A、B两人一组，面对面，相距约1 m，握手式站姿。

第1个八拍：一至二拍A欠身伸手；

　　　　　三至四拍B欠身伸手相握，同时A与B互相问候；

　　　　　五至六拍上下摇动两次；

　　　　　七至八拍松手还原。

第2个八拍：一至二拍A右手做掏名片动作。

　　　　　三至四拍A双手持名片；

　　　　　五至八拍A双手递送名片。

第3个八拍：一至二拍B双手接名片；

　　　　　三至六拍B读名片；

七至八拍 B 收名片。

第 4 个八拍:同第 2 个八拍,但换 B 完成。

第 5 个八拍:同第 3 个八拍,但换 A 完成。

第 6 个八拍:同第 1 个八拍,但 A 与 B 动作互换。

 老师支招

(1) 握手时应欠身约 15°,以表示对对方的尊重。

(2) 握手时应虎口相对,将手握满,力度适中,让对方感受到你对他的重视。

(3) 读名片后应微笑目视对方,以表示对对方的尊重。

训练活动二　持物礼仪组合

提包站姿(正面)　　　　　　　　　　提包站姿(侧面)

1. 提包练习

准备姿势:右手提包站姿。

第 1 个八拍:一至七拍左脚开始前行步七步;

　　　　　　八拍开立(男)或左丁字步(女)。

第 2 个八拍:一至四拍右手提包站立,站姿同上;

　　　　　　五至八拍从体前换左手提包,站姿同上。

第 3 个八拍:一至八拍左脚开始做后退步,然后右转身前行。

第 4 个八拍:一至四拍上步转身;

　　　　　　五至八拍还原成准备姿势,左手提包。

2. 挎包练习

准备姿势:右肩挎包站姿。

第1个八拍:一至七拍左脚开始前行步七步;
　　　　　八拍开立(男)或左丁字步(女)。
第2个八拍:一至八拍站姿同上,将双手轻搭挎包的前背带上(女)。
第3个八拍:一至八拍左脚开始做后退步,然后左转身前行。
第4个八拍:一至四拍上步转身;
　　　　　五至八拍还原成准备姿势。

3. 手持文件夹练习

准备姿势:右手持文件夹站立。
第1个八拍:一至七拍左脚开始前行步七步;
　　　　　八拍开立(男)或左丁字步(女)。
第2个八拍:一至八拍左脚开始做后退步,然后左转身前行。
第3个八拍:一至四拍前行转身步;
　　　　　五至八拍还原成准备姿势。
第4个八拍:一至八拍双手持文件夹站立。
第5个八拍:一至七拍左脚开始前行步七步,同时手持文件夹站立;
　　　　　八拍开立(男)或左丁字步(女)。

右手持文件夹站立　　　　　　　　双手持文件夹站立

 老师支招

　　手持的物品也是身体仪态的一部分,要努力做到持物大方,动作不僵硬,姿态优美。走动时提包或持物的手臂尽量不要摆动,转身时道具物品不要用起来。

· 训练检测 ·

被考评人：					
考评地点：					
考核项目	考核内容	分值	自评	小组评	实得分
握手与递接、提拿物品	1. 握手时的身体姿态展示	10			
	2. 握手时的表情、语言及视线	10			
	3. 握手时的时间及力度的把握	10			
	4. 递接物品时的表情、语言及视线	15			
	5. 递接物品时的物品朝向	15			
	6. 握手与递接物品礼仪组合展示	20			
	7. 提拿物品礼仪技能展示	20			
合 计					

课题4　其他手势的方法与训练

一、介绍

1. 基本要求

介绍是人际交往中与他人进行沟通、增进了解、建立联系的一种最基本、最常规的方式，是人与人进行沟通的出发点。要求仪态大方，表情亲切，选准机会，用正确的介绍程序表达准确、恰当的内容。

2. 介绍方法

（1）自我介绍：作自我介绍时，应保持自信标准的站姿，指示自己时，用右手五指并拢并用指腹部分轻轻按压胸口，同时表情亲切、大方，面带微笑。

（2）介绍他人：作为第三方为双方作介绍时，应保持站立姿势，手势有点类似于引领手势的横摆式，要求五指并拢，手掌自然伸直，手心向上，肘微弯曲，腕高于肘。手势应从腹部之前抬起，以肘为轴向一旁摆出，到腰部并与身体正面呈 45°时停止。用指尖指示被介绍的对象，眼睛看着接受介绍的一方，另一只手下垂或背在背后。左手指示左边的人，右手指示右边的人。

（3）集体介绍：在大型活动的社交场合，需要把某一个单位、某一个集体的情况向其他单位、其他集体或其他人说明时所采用的手势要求跟为他人作介绍基本相同，仅

在指示被介绍的单位时,手臂用大指示动作,即直臂指示,并从前往后划出一个指示区域。

3. 交往运用

在握手礼仪的学习中,我们知道尊者拥有优先意愿权,作为第三方介绍另外两方认识时,双方中的尊者也拥有优先知情权,也就是说,应该把非尊者介绍给尊者,这是国际上公认的介绍顺序。具体来说有以下几种情况。

(1) 将男士介绍给女士。
(2) 将年轻的介绍给年长的。
(3) 将职位低的介绍给职位高的。
(4) 将客人介绍给主人。
(5) 将晚到者介绍给先到者。
(6) 将未婚者介绍给早到者。

同样,在介绍他人时也会遇到人们拥有多重身份的问题,解决的办法和握手的一样,根据场合来定身份。具体来说,在社交休闲场合以年龄、性别、婚否为主,在公务场合以职位为主。

二、致意

1. 基本要求

致意是已经相识的友人之间在相距较远或不宜多谈的场合用无声的致意动作语言相互表示友好、尊重的一种问候礼节。致意时应当诚心诚意、和蔼可亲。一般来说,致意作为一种无声的问候,要求向对方致意的距离不能太远,一般以 2～5 m 为宜,也不能在对方的侧面或背面致意。在社交场合里,人们往往采用招手致意、鞠躬致意、点头(脱帽)致意及拱手致意等形式来表达友善之意。

2. 致意方法

(1) 招手致意。常用在相距较远的熟人之间或行走匆匆不宜停留时打招呼。动作要领:举起右手,掌心朝向对方,轻轻摆一下手。注意摆幅不宜过大,也不要反复摆动,只需要轻轻一摆,双方都能看到即止。一切以自然为宜。

(2) 拱手致意。佳节团拜或其他集体场合常用拱手礼,并伴有祝语、寒暄语的使用。动作要领:两手抱拳致意,施礼时,一般左手包握在右拳上,双臂屈肘拱手至胸前,视线看着对方。

三、挥手道别和鼓掌

1. 挥手道别的基本要求

挥手道别也是人际交往中的常用手势，动作要领：身体站直，目视对方，手臂尽力向上向前伸，掌心向外，指尖朝上，手臂向左右挥动。用双手道别时，两手同时由外侧向内侧挥动。

禁忌：与别人挥手道别时身体不能摇摆；不要东张西望，不注视对方；不能只用左手挥动，手臂伸得太低或过分弯曲，也不能上下摇动或举而不动。

2. 鼓掌的基本要求

鼓掌是表示欢迎、祝贺、赞许、致谢等的礼貌举止。在正式社交场合，观看文艺演出、重要人物出现、听报告、听演讲等都应用热烈的掌声表示钦佩、祝贺。鼓掌的标准动作应该是用右手掌轻拍左手掌的掌心。

禁忌：鼓掌时不应戴手套，宜自然，切忌为了使掌声大而使劲鼓掌，应自然终止。注意鼓掌的同时尽量不要配合语言，那是没有修养的表现。

常识点点通

手势的不同含义

俗话说："十里不同风，百里不同俗。"不同国家、地区、民族由于文化习俗的不同，手势的含义也有很大差别，甚至同一手势表达的含义也不相同。所以，只有了解手势表达的含义，才不至于引起误解。

（1）跷起大拇指，一般都表示顺利或夸奖别人。但也有很多例外，在美国和欧洲部分地区表示要搭车，在德国表示数字"1"，在日本表示"5"，在澳大利亚就表示骂人。与别人谈话时将拇指跷起来反向指向第三者，即以拇指指腹的反面指向除交谈对象外的第三者，是对第三者的嘲讽。

（2）OK手势，即拇指、食指相接呈环形，其余三指伸直，掌心向外。OK手势源于美国，在美国表示"同意"、"顺利"、"很好"的意思，而法国表示"零"或"毫无价值"，在日本表示"钱"，在泰国表示"没问题"，在巴西表示粗俗下流。

（3）V形手势。这种手势是第二次世界大战时英国首相丘吉尔首先使用的，表示"胜利"。但如果使用左手做V形手势则表示"你胜利了，我失败了"。如果掌心向内，就变成骂人的手势了。

（4）掌心向下的招手动作，中国表示招呼别人过来，美国则表示叫狗过来。

训练活动一　介绍、致意、道别与鼓掌礼仪组合

练习流程如下。

准备姿势：握手式站姿。

第1个八拍：一至四拍不动；

五至六拍15°鞠躬礼；

七至八拍还原。

第2个八拍：一至四拍右手轻按胸口，做自我介绍状；

五至八拍还原。

第3个八拍：一至四拍右手指示，做介绍他人状；

五至八拍还原。

第4个八拍：一至四拍左手直臂从体前起，做介绍集体状；

五至八拍还原。

第5个八拍：一至二拍左侧点头礼；

三至四拍还原；

五至六拍右手招手致意，头略向左转；

七至八拍还原。

第6个八拍：一至四拍拱手致意；

五至八拍还原。

第7个八拍：一至六拍鼓掌，每拍一动；

七至八拍还原。

第8个八拍：一至六拍右手挥手道别，每拍一动；

七至八拍还原。

 老师支招

（1）使用手势时，手的状态很重要，一般情况下都要求除大拇指外的其他手指都并拢，手掌摊开，手背与手臂在一个平面上。

（2）介绍集体时手臂动作幅度比较大，身体应配合适当转动，以形成良好的体态，同时眼随手走。

（3）招手时手的高度约与头平齐，自然大方。道别时手应向上伸至头顶上方，以显惜别情意浓厚。

训练活动二　情景模拟

场景：接待教育局领导参观学校并指导工作。

人物：① 教育局长；② 校长；③ 教务主任。

道具：桌椅数张，布置为会议室情景。

情景模拟练习要求：① 具体情节由练习学生把握，要求切合实际。② 运用各种手势礼仪并综合基本仪态礼仪，结合眼神、微笑，表现连贯流畅。③ 分小组分角色进行演练。

 老师支招

（1）在此情景中应由教务主任引领，校长陪同教育局长，并适时使用指引手势。

（2）引领教育局局长进入办公室就座时应使用直臂式指引手势，并为局长拉椅让座。

（3）递送相关文件给局长时应注意将文件可读方向转向局长，双手递送。

（4）接待过程中保持亲切热情的表情，动作不卑不亢。

（5）会议结束后，局长主动与校长和教务主任握手，教务主任应主动为局长开门，并候在门内侧，局长先出门，校长紧随其后，适当使用指引手势，教务主任应陪同校长将局长送至大门口或车前。

（6）离别前局长再次主动与校长及教务主任握手，表示感谢。

（7）上车挥手道别，校长和教务主任目送局长的车驶离学校，消失在视线中后方能离开。

· 训练检测 ·

被考评人：					
考评地点：					
考核项目	考核内容	分值	自评	小组评	实得分
其他手势	1. 介绍的标准手形	10			
	2. 介绍时的表情、语言及视线方向	10			
	3. 拱手的标准手势及表情	15			
	4. 招手的标准手势及表情	15			
	5. 挥手道别的标准手势及表情	15			
	6. 鼓掌的标准手势及表情	15			
	7. 其他手势的礼仪组合展示	20			
合　计					

思考练习

1. 指引手势的种类有哪些？礼仪要求是什么？

2. 介绍他人应遵循什么顺序？

3. 握手时伸手的先后应遵循什么原则？

任务5　服饰与形象塑造

【活动情景】

多媒体教室。

【任务要求】

1. 了解礼仪的概念、作用及一般要求。

2. 通过学习,具备一定的礼仪意识,为以后的学习奠定基础。

 基本活动

课题1　体型与着装

身材比例不佳或天生某部分不太完美的人占大多数。要隐藏缺点,发挥优点,选择适合的服装,首先得了解自己的身材。过去,人们往往把体型归纳为高瘦型、高胖型、矮瘦型、矮胖型等几种类型。这种说法虽然不能说不对,但有些过于笼统。如今,服装设计家们又有了崭新的构想,他们依据人体曲线的变化归纳出七种基本的体型。

在选择各类服装时,需要先站在全身镜前观察一下自己的体型,如肩部与臀部的比例、腰部高度等。一旦了解了自己的体型,在服装的选择上就能做到既掩盖身体的瑕疵,又能增加穿衣美感。在生活中,标准体型的人毕竟不多,主要就是通过服装与体型的协调来给人美的印象。通过修正服装的外形、式样、颜色来使整体显得美观,从而通过不同的款式、面料纹样、色彩因素来对不同体型加以调整。

一、七种体型的着装学问

1. 标准体型(葫芦型)

标准体型的身材就像葫芦一样,胸部、臀部丰满圆滑,腰部纤细,腿较长,曲线玲珑,身材呈现优美的曲线,是一般所谓的性感体型。

穿衣学问:这种体型的人适合穿低领、紧腰身窄裙或八字裙的西服,质料以柔软贴身为佳。葫芦型身材如果穿宽大蓬松的洋装,会减损许多魅力。总的来说,这种体型穿什么衣服都好看。

西方女性理想身高为 170 cm，东方女性为 162 cm（高一点更好）。颈部、肩膀、躯干、胸部、腰部、臀部、大腿、臀部和小腿等都要有完美的比例。标准体型无论穿着哪种服饰衣服都好看，但只有很少一部分人拥有这种体型，绝大多数的人都属于下列几种体型。

2. 运动体型（苗条型或香蕉型身材）

运动体型基本上仍属于苗条型，但上半身较长，腿较短，看起来较标准型略平坦，胸部中等或较小、臀部瘦削扁平，没有腹部及大腿边的赘肉。

穿衣学问：中直筒裤可拉长比例。这种体型应该是比较容易穿衣的，但要避免紧身衣裤或低腰长裤。适合的穿着有舒适飘逸的罩衫、打褶的裙子、宽松的洋装、宽松打褶的长裤等。此种体型只需要修饰一下腿部。有些人误以为窄、紧或高腰的裤子可以显得腿较长，其实更突出了腿部的实际长度。适当宽松的长裤如中直筒是最佳的选择，明亮色系的格子裤可适度拉长比例但又不会太夸张。

同时，还应注意服装的层次感与节奏感，运动体型的人适合穿着强调腰线、有腰褶的裙子和裤子，配有垫肩和饱满袖子的上衣，同时衣饰以亮为佳。发型以有质感的披肩卷发或短卷发为佳，要整理出蓬松效果。化妆应典雅。腰带、腰链是重要的饰品，短的珠链、宽檐礼帽及披搭于肩头的彩条毛衣，都会更显女人味。

3. 西洋梨体型

西洋梨体型上身肩部、胸部瘦小，下身腹部、臀部肥大，形状就像一个梨子。由于腹部肥大，往往腰线提高，也就是变成上身较短，身体呈现上窄下宽的形态，自肩膀到腰部较娇小，但腰部以下到臀、腿较粗壮。

穿衣学问：总原则是上松下紧。此种体型需要同时修饰上、下半身，但重点在上半身，因重量感集中在臀部，所以绝对不能穿紧身的衣服。最重要的是加重上身的分量，比如带垫肩或醒目衣领的衣服，胸前有两个贴袋的衬衣、西装，搭配紧身窄裙或紧身裤。强调上衣的色彩、图纹或带一点挺度的上衣搭配深色打褶的长裤，也很能美化这种体型。宽松的洋装和伞装也是适合的衣着，目的是要避免注意力集中在腰部，上衣要宽松，长度以遮住臀部为宜。

梨形身材比较适合典雅风格的打扮，如多花边装饰的上衣、加垫肩的直身裙配细腰带等，多数时候梨形身材并不难装扮出得体的美感来。头发以齐肩长度为宜，最好不要盘发，使颈更显纤细，以卷发为宜。化妆应鲜明，可多用些娇艳的颜色，强调唇及双眸光彩。饰品以靓丽为要诀，特别适合亮闪闪的胸饰，但不要太长，以正处于胸前或刚好绕颈一周的项链为佳，还可搭配靓丽丝巾或披肩。

梨形身材最好避免穿着紧身衣裤，褶裙或抽细褶的裙子，无袖长裙，过低的 V 领服装，腰部有褶的圆裙及宽、肥长裤。记住，让上半身成为视觉及比例上的焦点是不二法门。

4. 苹果体型

苹果体型上宽下窄，上半身较大，脂肪过多地集中在中间部位，如背、胸及腹部。身材优点是比较圆，有曲线美，不足之处是给人过于粗壮的感觉。

穿衣学问：建议选择简洁式样的衣服，不用过多的装饰与堆砌，避免层次过多的搭配，可以穿素色的无领无袖的X形连衣裙或紧袖公主型长裙。紧身T恤配紧身牛仔裤加一件短马甲再配一个方腰包显得青春活泼。不要穿过于宽松的服装，会给人膨胀的感觉。颜色以鲜艳或素净的单色组合优于大的印花图案。苹果型穿着低腰裤最好看。较宽裤管或低腰的裤子可以说是这种体型最适合衣着，但因为上身较胖，所以不宜穿着太强调肩线的服饰及夸张的色彩，以自然垂坠的布料为佳。

发型简单是基本原则，短发、长发或发髻均可，但不要烫太大的波浪或把刘海做得硬硬的。化妆应配合服装色彩，以黑色服装、大红唇线和强调颊骨、突出轮廓的彩妆为佳。项链以长形为主，但注意饰物不可太多，通常一件较典雅精致造型的项链或首饰即可。

5. 娇小型

身高在155 cm以下的娇小型身材，由于受到身长的限制，服装可变化的范围相比高大、健壮的体型要小得多。

穿衣学问：娇小型身材的人不适合穿很高的高跟鞋或梳高耸的发型，这样会显得滑稽。最佳的穿着是朝向整洁、简明、直线条设计的服装。垂直线条的褶裙、直筒长裤、从头到脚穿同色系列或素色的衣服、合身的夹克都会使得娇小型的人显得轻松自然。大的印花布料、厚布料的衣服，大荷叶边衣服、紧身裤等，都应避免。

6. 腿袋型

腿袋型身材的人臀部和大腿边有许多赘肉，看上去就像在大腿旁边挂上了两个袋子。

穿衣学问：这种体型要绝对避免穿紧身裤子，那样只会暴露缺点，适合穿样式简单的打褶裙子或长裤，尽量把注意力放在上身，佩戴色彩鲜艳的丝巾、珠宝或装饰物。不适合的服装有及膝靴子，紧衬衫，大花格子、粗横条纹或背后有口袋的长裤。

7. 正方体型

正方体型从整体上看方方正正，腰部及胸臀之间的差距不大，多属于超重身材。

穿衣学问：正方体型的人着装最好要让上衣遮住腰臀。这种体型最大的问题在于腰部不明显，故不宜强调腰线。上衣最好能盖过腰臀，不要扎进去。用柔和的线条带出此类体型的飘逸感，减少重量感。

二、不同体型男士的服装搭配技巧

细节会暴露男人的着装品位。尽管如今是崇尚个性、自由的时代，但衣着装饰还是要讲究原则。职场中男士的着装职业化也是相当重要的。

(1) 肩部大于臀部体型。体型比例合适，服装选择余地大。

(2) 肩部与臀部相当体型。这种体型属于高体型，在服装上可用深色和水平线因素来增加重量感。

(3) 肩部小于臀部体型。这种体型属于矮胖体型，宜选择平整、垂直线条纹样的面

料,选用细皮带较合适。

(4) 肥胖体型。肥胖体型的男士在整体上有敦实之感,为了看上去苗条些,可以选择带有垂直线条的款式,使视觉上有延伸和狭窄感。紧密细腻感的织物是较好的选择,避免款式上出现与肩部相对应的横线以及腰部宽松的式样。平整的肩部式样、V形领和竖式的配饰安排,能使人看起来瘦一些。

(5) 腿短而弯曲体型。弯曲腿型的男士要注重裤装与上衣的搭配。下装在颜色上应比上装淡些,面料宜带有毛质感。整体着装上不宜朝深色调发展。在款式上,上装变化宜多些,视线可集中在上部,如加适量的配饰等。不宜穿太紧身的衣服,着装上应有一定的宽松度。同时,在面料上宜多选择些带有质感的面料,以增强视觉感。

(6) 矮瘦平臀体型。这种体型的男士不宜穿太紧身的衣服,着装上应有一定的宽松度。同时,不要穿有肥大裤裆的裤装,宜选择些带有质感的面料,以增强视觉感。

(7) 腿短且丰臀体型。此种体型应多注意扣紧领部,增加些延伸感,多选择些条纹、格状上衣和细深皮带,同时,也应选颜色浅些的鞋子。

(8) 脸大且脖短粗体型。脖子短也并不是问题,如果双下巴或者下颌部分碰到衣领,那么就需要对衣领做调整,使它适合脖子的长度。

(9) 肩宽斜且手臂粗体型。如果男士的肩部相对臀部来说太宽斜,就需要增加腰部的宽度,如选择带盖的口袋来增加宽度,避免宽翻领或船形领。如果肩部还有些斜,可使用垫肩。如果手臂粗短,可使袖口长度略长,并减小袖口翻折宽度。手臂上尽量不要有装饰物,这样会在视觉上显得长些。

(10) 臀突且背圆体型。如果男士臀突背圆,则需要穿着背部带有中心开衩的服装弥补或利用柔软的外套盖住臀部,使背部到臀部看上去平顺些。对于圆背,最好选择些有色彩、质地较粗的织物。

(11) 手指短或瘦长体型。手指的问题需用首饰加以修饰,选择合适的戒指来衬托手指的美观。同时,需要保持手部的清洁和指甲的整齐。在体型方面,肩部的斜度也是考虑的因素,需要用领型和肩部结构款式的变化来衬托和弥补。

总之,在服饰上不要一味地生搬硬套,只有服装与自身身材相协调才是最重要的。

三、脸型与衣领的配合

脸部的五官可通过化妆来修饰,但是脸型的长短宽窄,却不是那么容易改变的。最好的办法就是用衣领来美化。衣领对脸型的影响很大,更左右着整套服饰的实际效果。下面将脸型大概分类,并提供几个适合的衣领式样。

(1) 椭圆形:这是最完美的脸型,通常称为瓜子脸或蛋形脸,因为没有什么缺陷,不需加以掩饰,所以任何类型的衣领都适合。

(2) 逆三角形:类似心形,上额宽大、下颌狭小,是理想的短形脸之一,这种脸型所有的衣领都适合。

(3) 三角形:形似梨子,上额狭小、下颌宽大,穿 V 形领的服装会使脸型看起来柔和些。

(4) 四方形:大多属于宽大型,给人很强的角度感,若穿圆形衣领,反而突出了宽大的感觉。U 形领口可缓和这种脸型。方形而不显大的脸,很富有个性,应该强调个性美。

(5) 长方形:此种脸型梳刘海可减少其长度感,船形领、方领、水平领都适合。

(6) 菱形:脸型尖锐狭长,下颌上额皆显狭小。可以利用刘海将上额遮盖住,而且两鬓的头发要梳得较蓬松,如此就可增加上额的宽度,使脸型形成逆三角形,衣领的选择也就没有限制了。

(7) 圆形:脸型宽大、饱满,宜增加长度感,减少圆的感觉,以 V 形的领口来缓和最为恰当。穿圆领服装时,领口需大于脸型,这样脸型将显得较小,就好像有两个大小相同的圆形,其中一个四周围绕着无数个小圆,中心那个圆,当然就被衬托得大了,另一个圆四周配衬差不多大的几个圆,就感觉不到中间那个圆有多大了,这就是视觉上的错觉。所以,大的方型脸、大圆脸一定避免穿紧贴颈子的衣领,领子要低些,且不能太狭小。矮瘦娇小的人,衣领不能太过于宽大,衣领大小与脸型比例务必合适。

课题2 体型与色彩

什么颜色应该配什么颜色,就像是春夏秋冬四季应该穿什么颜色的衣服一样,没有一个标准。其实色彩是没有季节之分的,一种颜色同时也可以和许多种颜色相配。

东方人的皮肤属于黄色,那么芥末黄和绿色会把皮肤里的青色和土黄色衬托出来,显得肤色更黄、更青。依照色彩学的原理,黄色皮肤的人穿着白色、灰色、酒红色、黑色、蓝色、咖啡色等与肤色能够配合的衣服看上去比较优雅。当然,这并不意味着别的颜色就不能穿,只是相比较而言这些色彩不容易出差错。

一、色彩搭配的基本方法

人们经常根据配色的优劣来评价穿衣者的文化艺术修养,所以服装配色是衣着美的重要一环。服装色彩搭配得当,可使人显得端庄优雅、风姿卓著;搭配不当,则使人显得不伦不类、俗不可耐。要巧妙地利用服装色彩,得体地打扮自己,就要掌握服装配色的基本原理。

服装色彩的搭配,一般来说,有三条原则。

一是同种色相配。这是一种简单易行的配色方法,即把同一色相、明度接近的色彩搭配起来,如深红色与浅红色、深绿色与浅绿色、深灰色与浅灰色搭配等。这样搭配的服装可以产生一种和谐、自然的色彩美。

二是邻近色相配。把色谱上相近的色彩搭配起来,易收到调和的效果,如红色与黄色、橙色与黄色、蓝色与绿色等色的配合。这样搭配时,两个颜色的明度与纯度最好错开,如用深一点的蓝和浅一点的绿相配或中橙和淡黄相配,都能显出调和中的变化,起到一定的对比作用。

三是主色调相配。以一种主色调为基础色,再配上几种次要色,使整个服饰的色彩主次分明、相得益彰,这是常用的配色方法。采用这种配色方法需要注意,用色不要太繁杂、零乱,尽量少用、巧用。一般来说,男士服装不易有过多的颜色变化,以不超过三种颜色为好。女士常用的各种花色面料,色彩也不要过于堆砌,色彩过多会显得太浮艳、俗气。

不同色彩搭配,常采用对比手法。在不同色相中,红色与绿色、黄色与紫色、蓝色与橙色、白色与黑色都是对比色。对比的色彩,既有互相对抗的一面,又有互相依存的一面,在吸引人或刺激人的视觉、感官的同时,产生强烈的审美效果。因此,鲜艳的色彩对比能给人和谐的感觉,如红色与绿色是强烈的对比色,配搭不当就会显得过于醒目、艳丽。若在红色与绿色衣裙间适当添一点白色、黑色或含灰色的饰物,使对比逐渐过渡,就能取得好效果,或者红色、绿色双方都添加白色,使之成为浅红色与浅绿色,看起来就不那么刺眼了。

二、常见的配色方式

(1) 红色配白色、黑色、蓝灰色、米色、灰色。
(2) 粉红色配紫红、黑色、灰色、墨绿色、白色、米色、褐色、海军蓝。
(3) 橘红色配白色、黑色、蓝色。
(4) 黄色配紫色、蓝色、白色、咖啡色、黑色。
(5) 咖啡色配米色、鹅黄、砖红、蓝绿色、黑色。
(6) 绿色配白色、米色、黑色、暗紫色、灰褐色、灰棕色。
(7) 墨绿色配粉红色、浅紫色、杏黄色、暗紫红色、蓝绿色。
(8) 蓝色配白色、粉蓝色、酱红色、金色、银色、橄榄绿、橙色、黄色。
(9) 浅蓝色配白色、酱红色、浅灰、浅紫、灰蓝色、粉红色。
(10) 紫色配浅粉色、灰蓝色、黄绿色、白色、紫红色、银灰色、黑色。
(11) 紫红色配蓝色、粉红色、白色、黑色、紫色、墨绿色。

在配色时,必须注意服装色彩的整体平衡以及色调的和谐。通常浅色衣服不会产生平衡问题,下身着暗色裤装也没有多大问题,如果是上身暗色,下身浅色,鞋子就扮演了平衡的重要角色,暗色比较恰当。

三、体型与色彩选配

什么体型选择什么色彩的服装,是有一定规律可循的。一般来说,体型较肥胖者宜选择富有收缩感的深色,使人看起来显得瘦些,产生苗条感。如果穿浅淡色调服装,脸上的阴影很淡,人就显得更胖了。但是肌体细腻丰腴的女性,亮而暖的色调同样适宜;体型瘦削者,宜选用富有膨胀、扩张感的淡色、沉稳的暖色调,使之产生放大感,显得丰满一些,而不能着清冷的蓝绿色调或高明度的暖色,那会显得单薄、弱不禁风。胖体型和瘦体型还可利用衣料的花色、条纹来调节:横条纹能使瘦体型横向舒展、延伸,变得稍丰满;竖条纹能使胖体型直向拉长,产生修长、苗条的感觉。

1. 臀部过大体型

上装用明色调,下装用暗色调,上下对照,突出上装,效果较好;腿短的人,上装的色彩和图案比下装华丽显眼一些,或者选择统一色调的套装,也可以使腿显得长些;腿肚粗的人,不论穿短裙还是穿裤子,长、短袜都尽量用暗色调,以使腿肚显得细一点儿;粗腰体型的人,束一条与衣服同色或近色的腰带,会产生细腰的效果;肩窄的人,上装宜用浅色横条纹衣料,增加宽度感,下装宜用偏深的颜色,衬托出肩部的厚实感。

2. 正常体型

正常体型的人选用服装色彩的自由度要大得多,亮而暖的色彩显得俏丽多姿,暗而冷的色彩也可搭配得冷俊迷人,选用流行色更加富于时代色彩。但是也必须考虑穿着的时间、场合及自己的肤色,同时要讲究色彩与款式、饰物的搭配协调,注意上、下装色彩的组合搭配。

3. 肥胖体型

肥胖体型的人穿深色或素雅的颜色会令身材显得苗条些,在上、下身的色彩比例搭配时,要注意裤、裙的色彩不要比上衣浅,否则会给人胖上加胖的感觉。

4. 矮胖体型

矮胖体型的人可以多穿一些套装,以深色、中性色为主,色彩不宜过多,避免花哨。注意上、下身衣服颜色不要面积相等,以免把整个身子分成两个部分,显得更矮。把整套衣服的修饰重点放在颈部、头部等腰线以上的部位,可以把视觉点往上提高,使人看起来修长些。

5. 高胖体型

高胖体型的人穿中性色彩衣服可以显得匀称些,避免穿紧身服,选择上身偏长的合体套装,这些都是最简单的穿衣之道。想把衣服穿好,还要多加用心,注意细节。

课题3　得体着装就是美

在不同场合,穿着得体、适度,会给人留下良好的印象,而穿着不当,则会降低人的身份,损害自身的形象。在社交场合,得体的服饰是一种礼貌,在一定程度上直接影响着人际关系的和谐。

服装是设计给人穿的,一件好的服装会使人觉得舒适,同时更能彰显一个人的性格、地位,所以什么人就应穿什么样的服装。

一、着装的 TOP 原则

TOP 是三个英语单词的缩写,它们分别代表时间(time)、场合(occasion)和地点

(place),即着装应该与当时的时间、所处的场合和地点相协调。

（1）时间原则：指着装要与季节、时代等协调。服饰要顺应自然，还要有时代特点。除此之外，不同国家、不同民族因不同的文化背景、地理环境、历史条件、风俗人情，在服饰上也显示出不同的格调与特色。服装的选择还要适合季节气候特点，保持与潮流大势同步。

（2）场合原则：指衣着要与场合协调。在人际交往中，所处的场合是千变万化的，适当的场合选择适当的服饰，能更好地发挥服饰的效果。与顾客会谈、参加正式会议等，衣着应庄重考究；出席正式宴会时，男士可穿西装，女士可穿套装、礼服，并且要穿着规范，彬彬有礼；在朋友聚会、带团出游、郊游等场合，着装应轻便舒适，颜色要鲜艳亮丽。

（3）地点原则：指着装要与地点协调。在自己家里接待客人，可以穿着舒适但整洁的休闲服，去公司或单位，穿职业套装会显得专业；外出时要顾及当地的传统和风俗习惯，如去教堂或寺庙等场所，不能穿过露或过短的服装。

 案例

国内一家效益很好的金融企业集团的总经理李明，经过多方努力和上级有关部门的牵线搭桥终于说服韩国一家著名企业的董事长同意与自己的公司合作。谈判时为了给对方留下精明能干、时尚新潮的好印象，李明上身穿了一件T恤衫，下穿一条牛仔裤，脚穿一双旅游鞋。当他精神抖擞、兴高采烈地带着秘书出现在对方面前时，对方不解地上下打量他半天，非常不满意。这次合作没能成功。

分析：李明的着装与这次谈判的氛围、场合不合时宜，显得过于轻率。

二、着装要点

穿衣，往往看重的是服装的实用性。着装则大不相同，着装实际上是一个人基于自身的阅历、修养或审美品位，在对服装搭配技巧、流行时尚、所处场合、自身特点进行综合考虑的基础上，在力所能及的前提下，对服装所进行的精心选择、搭配和组合。在各种工作场合，不注意个人着装者往往会遭人非议，而注意个人着装的人则会给他人留下良好的印象。依照社交礼仪，着装要得体，进而做到品位超群。

1. 个体性

正如世间没有两片完全相同的树叶一样，每一个人都具有自己的个性。在着装时，既要认同共性，又绝不能因此而磨灭自己的个性。着装要坚持个体性，具体来讲有两层含义：第一，着装应当照顾自身的特点，要做到量体裁衣，使之适应自身，并扬长避短；第二，着装应创造并保持自己所独有的风格，在允许的前提下，着装在某些方面应当与众不同。切勿穷追时髦，随波逐流，使着装千人一面，毫无特色可言。

 案例

一次某公司招聘文秘人员，由于待遇优厚，应者如云。中文系毕业的小李同学前往面试，她的背景可能是最棒的：大学四年中，在各类刊物上发表了3万字的作品，内容有小说、诗歌、散文、评论、政论等，还为六家公司策划过周年庆典，英语表达也极为流利，书法也堪称佳作。小李五官端正,身材高挑、匀称。面试时,招聘者拿着她的材料等她进来。小李穿着迷你裙,露出大腿,上身是露脐装,涂着鲜红的唇膏,轻盈地走到一位考官面前,不请自坐,随后跷起了二郎腿,笑眯眯地等着问话,孰料,三位招聘者互相交换了一下眼色,主考官说:"李小姐,请出去等通知吧。"

提示:仪容、仪表的修饰、装扮要分清场合、地点,搭配得体、适宜,注重细节。服饰的选择还要符合职业、身份等因素。

2. 整体性

正确的着装,应当基于统筹的考虑和精心的搭配,其各个部分不仅要"自成一体",而且要相互呼应、配合,在整体上尽可能地显得完美、和谐。若着装的各个部分之间缺乏联系,"各自为政",哪怕再完美也毫无意义。着装要坚持整体性,重点是要注意两个方面。其一,要恪守服装本身约定俗成的搭配。例如,穿西装时应配皮鞋,而不能穿布鞋、凉鞋、拖鞋、运动鞋。其二,要使服装各个部分相互适应,局部服从于整体,力求展现着装的整体美、全局美。

3. 整洁性

服装并非一定要高档华贵,但须保持清洁,并熨烫平整,穿起来大方得体,精神焕发。整洁并不完全为了自己,更是尊重他人的需要,这是良好仪表的第一要求。

着装要坚持整洁性,应体现于下述四个方面。首先,着装应当整齐,不允许又折又皱,不熨不烫。其次,着装应当完好,不应又残又破,乱打补丁。再次,着装应当干净,不应当又脏又臭,令人生厌。最后,着装应当卫生。对于各类服装,都要勤于换洗,不允许其存在明显的污渍、油迹、汗味与体臭。

4. 文明性

在日常生活里,不仅要做到会穿衣戴帽,而且要努力做到文明着装。着装的文明性,主要是指着装要文明大方,符合社会的道德传统和常规做法。一是忌穿过露的服装。在正式场合,忌穿袒胸露背、暴露大腿、脚部和腋窝的服装。二是忌穿过透的服装。三是忌穿过短的服装。不要为了标新立异,而穿着小一号的服装,更不要在工作场合穿短裤、小背心、超短裙这类过短的服装。它们不仅会使自己行动不便,而且也失敬于人,使他人多有不便。四是忌穿过紧的服装。不要为了展示自己的线条而有意选择过于紧身的服装。

5. 技巧性

不同的服装有不同的搭配和约定俗成的穿法。例如,女士穿裙子时,所穿丝袜的袜口应被裙子下摆所遮掩,而不宜露于裙摆之外。穿西装不打领带时,内穿的衬衫应当不系领扣,等等,这些都属于着装的技巧。

6. 色彩技巧

不同的色彩会给人不同的感受,如深色或冷色调的服装会让人在视觉上产生收缩感,显得庄重严肃;浅色或暖色调的服装会有扩张感,显得轻松活泼。因此,可以根据不同需要进行选择和搭配。

7. 配套齐全

除了主体衣服之外,鞋、袜、手套等的搭配也要多加考究。袜子以透明、近似肤色或与服装颜色协调为好,带有大花纹的袜子不能登大雅之堂。正式、庄重的场合不宜穿凉鞋或靴子,黑色皮鞋适用面最广,可以和任何服装相配。

8. 饰物点缀

巧妙地佩戴饰品能够起到画龙点睛的作用,给女士增添光彩。但是佩戴的饰品不宜过多,否则会分散对方的注意力。佩戴饰品时,应尽量选择同一色系,最关键的就是要与整体服饰搭配统一起来。

三、男士着装礼仪

俗话说,三分相貌,七分打扮。对于职场精英男士来说,尤显重要。只要穿着得体大方,并融入个性特征,一定能凸现品味和自信,让自己更具亲和力并感染身边同事和伙伴,也一定能让自己在职场中大展拳脚。只要自己足够自信,身高和体型都不再是问题。在交际活动中,穿出整体性、个性、和谐感是男士着装的基本原则,合乎场合的穿着是社交礼仪的重要部分。

1. 男士着装的原则

(1) 整体性原则最重要的一点是着装整洁,整洁的衣着可表现出积极向上的精神状态。衣着整洁除了体现对交往对象的重视程度外,还显示出交往的文明与修养的水平。

(2) 个性原则指根据不同年龄、身份、地位、职业与社会生活环境,来确定服装款式、面料、色彩与装饰物。只有个性化的服装,才能与个性和谐一致,在交际活动中充分展示个人的礼仪风范。着装也是民族和文化的个性反映。

(3) 着装的和谐性是最高原则。着装要与生活环境协调。在特定的礼节性场合,如正规的会议、礼宾活动、谈判、典礼等,应穿礼服或深色西装。在正式场合穿西装时必须打领带,但外出旅游,不打领带更自然。此外,着装还要与形体、与配饰协调。

2. 服饰选择的标准

在交际场合,男士的着装大致可分为便服与礼服。各式外衣、夹克、衬衣、T 恤等均为便服。便服的穿着场合很广,如办公室、赴宴及出席会议等。出席正式、隆重、严肃的会议或特别意义的典礼,则应穿礼服或深色西装。参加涉外活动时,男士可穿毛料中山装、西装或民族服装,参观浏览时,可穿便服,穿西装可不系领带。

职业装是穿在自己身上的,穿出自己的个性和品味很重要。如条件允许,建议挑选面料和款式量身订制的西装和衬衫。

职业着装有如下禁忌。

(1) 忌裤腿太短。裤腿太短会给人造成错觉,使腿看起来较短,使矮个子显得更矮。对于高个子而言,则会给人重心不稳的感觉,而且也有失庄重,略显滑稽。

(2) 忌裤裆太大。裤裆太大会使人显得不整洁、拖拉、不挺拔利落。

(3) 忌裤管太大。裤管太大不仅造成视觉上不舒服的感觉,而且更为关键的是造成行动不便。

(4) 忌衬衫领子太大。衬衫领子太大会使细长脖子的瘦体型者更显瘦弱。

(5) 忌衬衫领口敞得太大。穿西服如果不系领带,衬衫领口可敞一粒领扣,但如果太大就会显得缺乏修养或太过随便。

(6) 忌衬衣太瘦,紧绷着肚皮。这对胖腹人尤为不利,会强调发胖的腹部,显得局促可笑,不够大方。

(7) 忌领带颜色刺眼。领带的色彩要与着装的整体相协调,否则显得孤立,破坏整体美。

(8) 忌用涤纶面料做时装。涤纶面料质感欠佳,表面的"浮光"显得不够档次,透气性与吸湿性均不好,长期穿着对人体不利。

(9) 忌西装袖子过长。一般而言,西装的袖子应比衬衫短 1 cm。一来可以保持西装的清洁,二来也可使着装显得有层次、精神抖擞。

(10) 忌西装配运动式皮鞋。西装是十分讲究的正式服饰,要配以正式皮鞋才算和谐,不能搭配运动式皮鞋,因为运动式皮鞋比较随意,这样搭配缺乏着装的整体性和配套性,显得不够品位。

3. 西装礼仪

西服是一种国际性服装,它既可以作为礼服,也可作为正规的公务服装。人们常说,"西服七分在做,三分在穿"。怎样穿着西装才算得体,符合国际礼仪呢,有以下几个方面要注意。

(1) "三三"原则。①"三色"原则:穿西装的时候,全身的颜色不能多于三种,包括上衣、下衣、衬衫、领带、鞋子、袜子在内,全身颜色应该在三种之内。②"三一"定律:重要场合穿西服套装时,鞋子、腰带、公文包应是一个颜色,而且首选黑色。③穿西装时有三个错误是不能犯的。第一个错误,袖子上的商标没拆。第二个错误就是在非常重要的场合,尤其是在国际交往中,没穿西服套装和打领带。穿夹克、穿短袖衫打领带,对外交流就会显得不够正式。第三个错误,袜子出现问题。重要场合,白色的袜子和尼龙丝袜是不能和西装搭配的。

(2) 衬衫。衬衫领子要挺,不能有污垢、油渍。衬衫的下摆要塞在裤腰里,领扣和袖扣要扣好。衬衫领子与衣袖要较西服上装领子与衣袖长 1~2 cm,以显出穿着的层次。衬衫里的内衣领和袖口不能外露。按国际惯例,在西装里面不应加毛背心或毛衣。

(3) 领带与领带夹。领带打的结一定要饱满,与衬衫的领口吻合也一定要紧凑。领带的长度以系好后大尖头垂到皮带扣处为最标准。领带夹位置应在"黄金分割点"处,大致是在七粒扣衬衣自上而下的第四至五粒纽扣之间,在非正式场合,可以不系领带和佩戴领带夹。

(4) 衣袋。西装上衣两侧的衣袋只做装饰用,不可装物品,不然会使西装上衣变形。裤袋同样不可以装物品,但可以插手。

(5) 皮鞋。穿西装一定要穿皮鞋,不能穿旅游鞋、轻便鞋、布鞋、雨鞋、露脚趾的凉鞋,白色和颜色鲜艳的花袜子是绝对禁止的,会显得不伦不类。此外要注意,皮带与皮鞋的颜色应一致。

(6) 在正式场合,穿单排纽扣的西装时,只扣一粒扣子,坐定后可以解开;穿双排纽扣西装要把两粒扣子都扣好,坐定后也不能解开。

（7）社交场合搭配有法。黑色西服,内穿以白色为主的衬衫和浅色衬衫,配银灰、蓝色调、黑红细条纹领带。中灰色调西服,可配灰、绿、黄和砖色领带,穿白色为主的淡色衬衫。暗蓝色西服,可以配蓝、胭脂红和橙黄色领带,穿白色和明亮蓝色的衬衫。褐色西服,可以配暗褐、灰、绿和黄色领带,穿白色或银灰色和明亮的褐色衬衫。墨绿色西服,可以配银灰色、灰黄色领带,穿白色或银灰色衬衫。

案例

1984年,里根参加总统的竞选。起初公众对他的印象不佳,觉得他年龄大,又当过演员,有轻浮、年迈无力之感。但他在政治公关顾问艾尔斯的协助下,在发表竞选讲演时,注意配合适当的服饰、发型与姿势,表现出庄重、经验丰富之感,努力改变了公众对他的不佳印象,结果取得了成功。

常识点点通

晚装的由来

著名的时装大师皮尔·卡丹曾经说过:当你想起路易十五王朝,那么衬有裙环的篮筐式连衣裙就会浮现在眼前。专为塑造裙摆轮廓的裙环也许就是服饰从简洁走向奢华的一个信号。

让我们再来看看18—19世纪的法国:在巴尔扎克、雨果、莫泊桑等批判现实主义作家们的作品中经常能够感受到奢靡的法国上流社会的社交生活,其中不乏对于女子们晚装的描述,不难想象,晚装这种专为晚间的社交活动而准备的奢华服饰是从当时奢靡一时的巴黎社交圈向外蔓延开来的。在中国的传统服饰中并没有晚装的概念,然而在西方文化的影响下,晚装逐渐出现在了白皙、小巧、含蓄的东方女子的生活中,设计师们也根据东方女子的特点,不断推出专为她们设计的晚装作品。

（1）挑选晚装的小技巧。电影中身着晚装的美人总是与绅士们一同出入于盛大的酒会、华丽的歌剧院或是享用浪漫的烛光晚餐,无形之中,晚装似乎成了难以企及的奢华

品。其实晚装决非遥不可及,只要懂得如何根据自身的特质来挑选合适的晚装,同样能够让自己魅力动人!

(2)穿着要点。黑色、露肩、坠地的晚装款式是永不落伍的。如果对如何选择晚装一时还拿不定主意,那么,挑选黑色就是没错的。如果选择了露肩晚装,那么头发最好高高挽起,披散下来的头发即使发型本身再精彩,也因为遮盖了晚装的点睛之处——肩颈处的设计而喧宾夺主。对于一个年轻女子而言,昂贵的皮草披肩和珠宝饰品并不适合,简约的风格反而会凸显阳光、率真的个性。可以在晚装中融入各种不同的元素,细致的花朵或蝴蝶图案、各种褶皱面料、华丽的钉珠和亮片,再加上精细的流苏刺绣披肩,可以在细微处体现着装者的与众不同。晚装的基调永远是高雅的,切忌过多的配饰。

(3)着晚装的几种场合。音乐会及歌剧院:进音乐会现场及歌剧院,最好穿丝质礼服,丝质纤维对音乐的反射能让音乐的效果更加珠圆玉润。商务酒会:深V领的晚装及设计上简洁、不过分华丽张扬的小晚装比较合适。正规晚宴:正规晚宴晚会的晚装可以隆重、性感,黑色坠地长裙最能衬托气氛的隆重。

 思考练习

1. 不同的体型、脸型应如何选择服饰?试举三种情况说明。
2. 有哪些规范着装礼仪的要求?
3. 西服套装的穿着规范是什么?

 项目小结

本项目介绍了礼仪的含义、作用,各种体态礼仪与表情的基本要求、分类等内容,着重介绍了体态礼仪的训练指导和综合运用,诠释了体态礼仪在人际交往中的意义和重要作用,优雅的体态礼仪往往比语言更让人感到真实、生动,更能准确地反映一个人的品格和精神气质。

参 考 文 献

[1] 金正昆.服务礼仪[M].北京:北京大学出版社,2005.
[2] 杨茳,王刚.礼仪师培训教程[M].北京:人民交通出版社,2007.
[3] 金正昆.社交礼仪[M].北京:北京大学出版社,2005.
[4] 李莉.现代服务礼仪规范[M].湖南:湖南科学技术出版社,2005.
[5] 王晓梅.不可不知的1000个礼仪常识[M].北京:中央编译出版社,2009.
[6] 金正昆.商务礼仪教程[M].北京:中国人民大学出版社,1999.
[7] 周思敏.现代社交礼仪[M].北京:北京高教音像社出版,2007.
[8] 倪湘宏.女性气质塑造新方略[M].湖南:湖南科学技术出版社,2005.
[9] 李祝舜.旅游服务礼仪技能实训[M].北京:机械工业出版社,2008.
[10] 马妮.寻找美丽[M].北京:中国妇女出版社,2001.
[11] 张玲.美人瑜伽[M].湖南:湖南科学技术出版社,2004.
[12] 于西蔓.个人色彩诊断[M].广东:花城出版社,2002.
[13] 樊莲香,等.形体与形象塑造[M].广州:中山大学出版社,2007.
[14] 张希文.大众运动健身200答[M].江苏:江苏科学技术出版社,2002.
[15] 符敏.形体训练[M].重庆:重庆大学出版社,2008.
[16] 哈里斯,惠妮斯.舍宾塑身教材[M].李旭大,陈玉菊,译.海南:三环出版社,2004.